一生に一度は
考えたい
33の選択

Akinari Tomasu
富増章成

WAVE出版

はじめに

人生は選択の連続。

ひとそれぞれの決め方があります。

あなたの選択は何を根拠にしているんでしょう。

習慣や環境？　あるいは学校の教育？　いつの間にかできあがった自分流の主義？

それとも、なりゆき……？


なんとなく選択していることって、はたして〝正しい〟のでしょうか。

もっと別な選択をしていたら、人生が変わっていたかも、またこれから変わるかもしれません。


選択をせずに生きる。それはできないことです。

何もしないこともまた1つの選択。

あなたの人生の選択が何を根拠にしているのか、一度は考えてみたほうがいいかもしれません。

それには、「**哲学**」がツールとして使えます。

「え？　哲学ってあの説教くさい生き方みたいなもの？　難しそうだな」

「哲学なんてやったら、頭がますますかたくなって、融通がきかなくなるんじゃないの？」

あなたはそう思うかもしれません。

それは違います。

あなたの心のメモリーには、いろんな人の考え方が上書きされています。

自分の考えだと思っていたら実は親のしつけが影響していたとか、友人のひと言、テレビで見聞きしたこと、場合によっては、電車のつり広告のキャッチコピーが影響していたり。

いつしかそれは、カタい「**思考の壁**」としてあなたの頭をガチガチに囲っています。


だから、**あなたのメモリーにごちゃ混ぜに書き込まれている情報を一度初期化して、工場出荷状態にもどす必要があるのです。**

そこから、自分の頭で考える土台をつくる。

そして、自らの力で選択肢を選ぶ。

これが「哲学」の役割です。

つまり、**今までの思い込みの破壊、そして新たな思考の創造です。**

本書は、33の選択問題＋ストーリー形式で、ガチガチの頭を柔らかくして、もっと自由に考えられるようになる方法をわかりやすく紹介しています。

問題の中には、一見取るに足らないような選択も含まれています。

でも、そこにこそ、思考の壁が立ちはだかっています。

何も考えずに選択できてしまいそうなことほど、一度その理由をしっかりたしかめる必要があるのです。

主人公の佐藤くんは、これといって自分をもっていない人です。でも、あるきっかけから哲学を知ることによって、少しずつ自分の考えが初期化されて、新しい物事のとらえ方を受けいれられるようになっていきます。

あなたも33の選択をすべてやり終えたあとには、**物事を多面的にとらえる思考法**が身についていることでしょう。

さらに、ビジネスマンならおそらく一度は読んだことがある「自己啓発書」の根拠が、実に過去2500年の哲学の中にちりばめられていることが理解できます。

哲学を知ってから自己啓発すれば、より実践的な人生哲学を手に入れることができるのです。


「近頃、何のために勉強や仕事をしているのかわからない」

「以前までウキウキ感があったのに、最近はそれを感じない」

「自分の人生はこのあたりが限界かと思い始めている」

「歳をとってしまったし、この先は特におもしろいことはなさそうだ」

「毎日が追われるばかりで、時間が足りない日々の連続だ」

「人間関係もうまくいかないし、腹が立つことばっかりだ」

「なにをしても続かないし、習い事はもうあきらめようかと思ってる」


こんな気分に陥っているあなた！

それが、思考の壁にとらわれた危険な状態なのです。自分で考えているつもりだけれど、実は自分の考えではないのです。

外側からの力で選択を強いられている人生なのです。

そんなのいやでしょう？

すぐに初期化して、もっと力が得られる思考法をインプットしようではありませんか。

あなたが、自信をもって選んだことなら後悔はないはず。

自分をとりもどして、未来をつくろうではありませんか。

本書がそのお手伝いをいたします。

さあ、思考の破壊の始まりです。その先の創造へとロケットを打ち上げましょう！

一生に一度は考えたい33の選択◉目次

第1章　あなたの選択は〝正しい〟ですか？

第4章 2500年の歴史をもつ思考術 101

第5章 現代思想で物事の裏を読め！ 125

【主な登場人物】

佐藤《さとう》 明《あきら》（僕）…平凡な人間。入社3年目にNBS（日本ビジネス・サルベージ）の営業部に配属される。ことなかれ主義を貫いていたが、数々の選択に直面して、少しずつ哲学的思考を身につける。

餐出《さんでる》 麻衣子《まいこ》…哲学コンサルタント。インストラクター。ハーバード大学出身。哲学の思考を現代社会の問題に応用するコンサル会社からNBSに派遣されてセミナーを担当。

北条《ほうじょう》 猛《たけし》…NBS営業部で佐藤明の同期。哲学に興味はなく、体力と努力で突っ走る日本男子。

荻生《おぎゅう》 空《そら》…NBS資料部。自己啓発オタク。あらゆる自己啓発書を読破しているが、実践がともなっていないノウハウコレクター。

新井《あらい》 拓《たく》…NBS営業部部長。頑固なオッサン。インストラクター麻衣子を会社に呼んで改革をおこなおうとする。

プロローグ

デスクの上に冷めたコーヒーが置かれていた。

口に運ぶと、コーヒーの味はせず、ねばっこさだけが残った。

「おい、佐藤！　ちょっとこい！」

新井拓部長《あらいたく》の声が二日酔いの頭痛に響いた。慣れない酒を飲んだことを後悔しながら僕は大きな声で「はい」と返事をし、背筋を伸ばして早足で部長のデスクへ向かった。

部長は1枚の紙を僕の目の前につきつけてきた。僕が今朝提出した営業報告書だった。

「おまえ、この書類は、行がずれてるじゃないか」

「行？」

僕は、「行」というのは「縦」と「横」のどちらだろうかと考えながら、謝罪の言葉を唱えた。

「申し訳ありません……。すぐに直します」

僕は、とりあえずなんでも謝っておけばよいとの主義とも信条とも呼べない、けれども一貫した「習性」のようなものをもっていた。幼い頃から身につけた日和見《ひよりみ》的な態度だ。

とりあえず謝っておくだけではない。人の意見に賛成しておく。褒めておく。なんでも「とりあえず」をくっつけておけば、なんとかその場をしのげるのだ。

これなら、敵もできない。重い責任を負うこともない。

会社の企画会議でも、誰かの意見に賛成していればいい。自分の意見など言ったら大変だ。たちまち、発言の責任をとらされるはめになる。

「すいません」「いいですね」「〜と思います」「すごいですね」などを連ねておいて、おさえるべきときにはおさえておけばよい。

遅刻をしないとか、ケンカをしないとか、人の陰口を言わないとか、社会の常識とされていることは可能な限り守る。人から挨拶されたらさわやかに挨拶を返す。

ただ、これはマニュアル化された自分だ。社会の中で適応していくには、こんな風に「とりあえず」で生きていけば、まあまあうまくいくという経験則から生み出された考え方だった。

おさえるべきときにはおさえるというのは、これらの態度全体を補正することにも役立つ。あまりに「イエスマン」でありすぎると、今度は自分の考え方をもっていないなどと批判されるので、たまには自分の意見も言ってみる。ただし、責任がおっかぶさってこない程度の軽い意見である。批判されそうになったらすぐに撤回すればいい。

そんな処世術マニュアルにしたがって行動している僕は、会社の中でも浮かず、周囲にうまくとけこんでいると思う。批判をせず、当たり障りのない接し方に徹し、たまにはある程度のやる気もみせる。

こういう人間は、自分がないのではなく、じつは自分がありすぎるのである。エゴが強すぎて、傷つくのが怖い。だから、勝負をしないのだ。

勝負をしないで生きていくには、できる人間を見本にして、マニュアル通り動けばいい。しょせん相手の目に映っているのは、むき出しの顔と手、あとはスーツだ。ワイシャツ、ネクタイ、スーツがぱりっとさえしていれば、とりあえず悪い印象は与えないだろう。

僕は「人は見た目が何割」とかいう題名の本があったのを思い出した。

幼い頃から何のとりえもなく、学歴は超難関というほどでもなく、かと言って十分名前が知られている無難な大学を卒業。趣味は音楽と映画。あまりにふつうだ。

この会社に入ったのもこれといった強い理由はなかったが、将来的に有望そうなＩＴ企業と世間では名が通っていた。だから入社を決めた。入社3年目に、僕は今の部門に配属された。一般向けのパソコンソフトを販売営業する部門だ。だから、僕は日々そのことだけを考えている。売り上げを伸ばす、ということだけ。

平均的な給料をもらって、平均的な生活をして、平均的な結婚をして（まだ相手もいないが）……。「なんのために？」なんて考える必要はない。今、まずまずの生活ができていて、そこそこ楽しければそれでいいのだ。

僕は、自分のデスクにもどって、パソコンで検索の画面を出した。そして「列と行」と打ち込んでみた。

ああ、行が横で、列は縦か。今まで表計算ソフトの画面上で適当にクリックして感覚的にセルを増やしていたから、なんとなく表はつくれていたんだが、ちゃんと名前があったんだね。

まあ、どうでもいいけど……。

「部長、すぐに修正します！」

僕は、いい人の仮面を補強した。

そんな、半ば惰性で生きていた僕の人生が一変するような出来事が起こった。

それが、彼女との出会いだった。

第1章▼

あなたの選択は〝正しい〟ですか？

仕事がうまくいかないのは哲学がないから？

次の日の朝、新井部長はいつものように朝礼を始めた。

けれども、眉間《みけん》に刻まれたシワがいちだんと深いように見えた。

「おまえたちに伝えたいことがある」

フロアの社員らはすこし緊張の表情をみせた。

部長は、大きく息を吸い込んで、胸を膨らませてから一気にはき出しつつ叫んだ。

「おまえらはクソだぁ！」

社員一同、水を浴びせられたように突っ張った。

なに？　僕らがクソだって？　まあ、すくなくとも僕はそうかもしれないが。

「わが営業部の成績は、どうしようもない。それはおまえたちもよくわかっていることと思う」

たしかに不況から回復しつつあるが、うちの部署の営業成績は伸び悩んでいた。

わが「日本ビジネス・サルベージ」（ＮＢＳ）は保険会社との提携で、コンピュータのプログラミングをまかされている。

プログラミングの部署では、徹夜なんかはあたりまえ。恐ろしいのは、朝出勤してその日は泊まりこみで仕事。そのまま、眠らないで朝を迎えて連続して業務をこなす。それから深夜に帰ってようやく眠れる。

つまり、２日に１回しか眠れないというウルトラ激務である。

僕は入社当初、システムエンジニア志願だったのだが、先輩からその噂を聞いて、希望部署の変更を願い出たものだった。


新井部長は、僕らの営業成績を長々とこき下ろしたあと、本題に入った。

「そこで、わが社はこのたび、社員の**モティベーション**、**創造力**、**集中力**を高めるメソッドを導入することになった。いわば、頭の回転をよくし、生産性が向上するようなセミナーだ」

セミナー……。最近流行の自己啓発セミナーだろうか。Ｆａｃｅｂｏｏｋで友だちを５０００人作れとか、「いいね！」を連打しろとか、そういったセミナーの話はよく聞く。この会社では、新入社員の研修はよく実施されるし、僕の部署でもマーケティングセミナーは頻繁に受けさせられていた。

しかし、今回は事情が違うようだ。「モティベーション」とはやる気のことだ。やる気を高めさせるセミナー。僕は宗教くさい洗脳セミナーのようなものを思い浮かべてしまった。

子どもじゃあるまいし、説教されるのはたまらない。そもそも、そんなセミナーを受けても人間が変わるわけないじゃないか。できあがってしまったものは、もうどうしようもないんだよ。

禁煙セミナーでどれほどの人間が禁煙できるのか。ダイエットセミナーで本当にダイエットできるのか。できる人間はもともと自分ひとりでもできるんじゃないの？

それを、やる気を高めるセミナーだなんて。

だったら給料を上げてくれればすぐにやる気を出すさ。

僕はセミナーについて考えるだけで憂鬱になった。まあ、座ってメモを取るふりをすればいいだけのことだろうから、適当にこなせばいいんだ。自分にそう言い聞かせた。

哲学インストラクター　餐出麻衣子って何者？

次の週の月曜日。

午後2時から、いよいよお待ちかねの（？）セミナーがおこなわれる。正直、受けたくはない。単に面倒くさかった。

セミナーは月に2回開かれるらしい。会議室の机が並べかえられ、学校の教室のように仕上がっている。急に学生に逆戻りしてしまったような気分だ。

僕は壇上から目立ちにくそうな一番後ろの席に座った。即席でつくられた〝セミナールーム〟にはいろいろな部署から参加しているらしき50名ほどの社員がいて、同僚の姿もちらほら見えた。

僕の隣には、同期の北条猛《ほうじょうたけし》が座っていて、ななめ前の席の男と何か話していた。北条とは会社の飲み会で席が近くなれば話をするし、廊下ですれ違えばお互い声をかけたり手をあげてあいさつするけれど、あえてサシで飲みに行くほどの仲ではなかった。北条はいわゆる自信家で、まわりに対して挑発的な態度をとることも多いから、波風を立てたくない僕は距離を置いて付き合うようにしていた。

壁にかけられた電波時計がちょうど2時を指し示した瞬間、いかにもおしゃれそうなスーツで身をかためた女性が会議室に入ってきた。部屋の天井にコツコツという彼女のハイヒールの音がぶつかって反響した。社員の注目は一気に彼女に向けられた。

僕が想像していたような、メガネをかけた七三分けのオッサンのイメージとはいたくかけ離れていた。歳は20代半ばから後半といった感じだろうか。なかなかの美人で、落ち着いた茶色のストレートヘアーが肩まで垂れていた。

こんな人がセミナー講師だなんて。僕は、拍子抜けしてしまった。

女性はマイクのスイッチをたしかめてから、笑顔でハキハキと話しはじめた。

「私がこのたび、哲学セミナーの講師をつとめさせていただきます、餐出麻衣子《さんでるまいこ》と申します。どうぞよろしくお願いいたします」

哲学セミナー？　なんだそりゃ。仕事術のセミナーだと聞いていたんだが。

なんなの？　哲学って。

麻衣子は最前列に座っている人に、列の人数分の封筒を配布しはじめた。

表紙に「ビジネスの成果を上げる哲学入門」と書かれていた。

麻衣子はふたたびマイクを手にした。

「まず、最初に哲学についての説明をさせていただきたいと思います。お手元の封筒の中にさまざまな資料が入っていますので、ご確認ください」

社員たちは、それぞれ中から書類を取り出した。部屋が書類のガサガサこすれる音でいっぱいになった。みんな会社から支給されたおのおののノートパソコンをもっている。僕はパソコンを脇に寄せて、書類に目を通した。

中身は、「ビジネスに活かす哲学入門の手引き」「人生の選択シート」「哲学パターンチェックシート」などがセットになっていた。

「その中に、哲学についての印象に関するアンケートが入っています」

麻衣子にうながされるまま、僕はアンケート用紙を探した。

ああ、あった。

そこには、ややボリュームのある文字で、こう書かれていた。


「あなたは哲学についてどのような印象をもっていますか?」

麻衣子は続けた。

「どんなことでもかまいません。そのA４用紙の下にメールアドレスが載っていますので、こちらに会社のメールアドレスからメールを送ってください。内容は難しく考える必要はありません。シンプルなもので結構です。難しいとか屁理屈っぽいとか、ちょっと興味があるとか。お手数ですが、ご協力ください」

はあ、最近はアンケートもメールで即回収するわけか。昔は用紙を後ろから集めたりしていたものだが。たしかにこっちのほうが速いし、効率がいいよな。

「アンケートは5分くらいで記入をお願いします。匿名で内容を発表させていただきますので、個人情報がわかるようなことはお書きにならないでください」

会場には、モーツァルトみたいなクラシック音楽が気にならない音量で流れはじめた。

前面に設置されたスクリーンには、

［あなたは哲学についてどのような印象をもっていますか？］の質問が大きく映し出されている。

なんか面倒くさいな。

僕はとりあえず「哲学って難しそうですが、何かの役に立てば幸いです」と一言書いて送った。

まったく中身がないコメントであることに気がついたが、もう送ってしまったのだからしかたがない。きっと他の人の感想にまぎれて、気づかれないだろう。

だいたい哲学なんていうのは頭が切れる学者が研究するガチガチの学問で、僕らみたいなふつうのサラリーマンは考えなくてもいいことだろう。きっとやっても無駄だ。

約5分たって、麻衣子はスクリーンの前に登場した。

「さて、いただいたメールの中からその内容をまとめてみます」

麻衣子がリモコンを操作すると、スクリーンにメールの内容一覧が表示された。

「哲学は難しそうだ」という、僕のと同じような意見が散見された。

麻衣子は、スクリーンの一部を指さした。

「哲学は難しそうという意見が多いですね。あと、哲学が役に立たない屁理屈だという率直なご意見もいただいております。ほかに、説教くさい、高圧的でおしつけがましいなどもあります。ちょっと厳しい意見が多いようですね」

きっと北条の意見が混ざっているのだろう。やつはよく言えば日本男子。悪く言えば頑固者で偏屈でオッサンくさい。北条のことだから、「哲学なんて役に立たないし、こんなセミナー無意味です」みたいなことを送っているに違いない。

「でも、哲学というのは、一方的に考え方を押しつけるわけではないんですよ。むしろ……」

スクリーンに**「すべては解釈である」**という文章が表示された。

その下に、もう1行。**「すべての存在は中立である」**と加えられた。

中立の意味がよくわからなかったが、まあ、あたりまえのことを難しく言うのが哲学なのだろうからしょうがないか。とにかく物事はその人の解釈だってことか。人それぞれって感じだろう。

「私たちは、対象そのものがありのままに存在していて、心でそれをありのままにとらえていると思っています。でも、本当にそうでしょうか。いかなる認識も私たちが意味づけて、解釈をしているんです。

ですから、もしその意味づけ・解釈が有害なものであれば、私たちの人生も有害なものに毒されてしまうんです。よい解釈を選びたいものですね。物事は人それぞれの解釈によって違った側面をもつという事実を、次の図形でご説明いたします」

麻衣子がリモコンを手にして、スイッチを入れると、設置されていたプロジェクターがうなり声をあげ、レンズが輝き始めた。

スクリーンに図形があらわれた。それはとても見慣れたものだった。

僕ははっきり言ってがっかりした。あの絵かよ……。

みなさまの思考を破壊させていただきます

「この絵は、人によって見え方が異なる絵です」

すると北条が、僕にしか聞こえないような小さな声で「ルビンの壺」とつぶやいた。

「1915年頃に、デンマークの心理学者エドガー・ルビンが考案した多義図形。黒い面に注目すれば向き合っている人の顔に見えるし、白いところに注目すれば壺に見えるってやつだ。誰だって知ってるよ」

北条はドヤ顔で、腕を組んで背もたれに寄りかかった。僕は北条が妙に詳しいので感心した。

麻衣子はその後、ルビンの壺に類似したさまざまな図柄を提示した。

次々とスクリーンに登場する図柄の中には見たことのないものもあったので、さっきのがっかり感はなくなって、僕は新鮮な感銘を受けた。壺と顔バージョンだけではなかったのか。

麻衣子によると、最後のカナダの国旗は実際のもので、目をこらすと怒っている2人の男が見えてくる。

彼女は、「みなさんはこんな国旗のようにならないでくださいね」と冗談をかましていた。

「さて、本日、私がお話ししているのは、物の見方の問題です。

カナダの国旗

ルビンの壺

人は、常に対象に解釈を加えます。そしてその解釈が正しいと思い込んでいます。

そうなると、物事は一面的に見えます。『これは人だ』『これは壺だ』ってね。そこから別な物を見出そうなんて考えもしません。なぜなら、思考が硬直化してしまっているからです」

スクリーンには、大きな文字が映った。

「破壊」

破壊とは、なんだ。過激な。

「私は、みなさんの一面的な思考を破壊します」

「破壊」の下にイコールがあらわれて「哲学」という文字が並んだ。

「**破壊＝哲学**」か……。

「哲学は説教でも教訓でもありません。今、自分が信じ切っている**狭い考え方をあらゆる角度から破壊して、思考の幅を広げる**のです。それが哲学です」

考え方を破壊するのが哲学？　哲学って我慢とか根性とかオッサンくさい教訓を押しつけてくるものだと思っていたが、そうではなかったのか？

「そこで、このセミナーでは、毎回みなさんに哲学的な選択問題（**思考実験**）のテーマをお配りいたします。この思考実験には、今の隠し絵のように、2つの選択肢があります」

麻衣子は、この哲学セミナーの目的と骨子を次のように説明した。

まず、自分にとってのあたりまえの世界を初期化してみる。そして、今まで考えたことのないような角度から思考する。そうすれば、日常生活のトラブルが解決し、仕事のアイディアが湧き出てきて、モティベーションが向上する。そして人生全体が活性化するというのだ。

また、哲学は単なる訓示や説教ではなく、ひとつの思考法で、数学、物理学、生物学、政治学、経済学、経営学、歴史学など学問の垣根を越え、さまざまな学問分野に割り込んでいく。

哲学はあらゆる分野について語れるということだ。

「哲学は万能ナイフみたいなものです。何にでも使えるツールなんですよ。便利だと思いませんか。私はぜひみなさんにこの方法を知っていただいて、日常生活から仕事まで活用していただきたいんです。おせっかいかもしれませんけど」

麻衣子は哲学について語るのを楽しんでいるように見えた。

「みなさまの手元の資料の中に、『人生の選択シート』が入っています」

『人生の選択シート』とは？　僕は袋をまさぐった。

選択
01

会社という船を救う？　社員という船員を救う？

会社からリストラ宣言が出た。人員整理をしなければ、会社の経営が傾いていくという判断だ。とにかく人数を減らせばいいようなので、誰がターゲットになるかはランダム、つまりくじ引きなのだ。

会社のために個人が犠牲となる。こんな考え方が正しいのだろうか？

Ⓐ会社のために個人が犠牲となるべき

Ⓑ個人を守って会社が犠牲となるべき

これが選択シートか。

いきなりリアルな設問に驚いた。しゃれにならない。

ほかの社員たちも、ざわめいていた。なにしろ、先月だって10人の社員が去って行った。事情は人それぞれだったが、誰だってそんなのうわべだけだってわかっている。自主的に去って行く人も「病気のため」「家庭の都合で」などと理由をつける。

このセミナーはもしかして、リストラのためのテスト・セミナーなのか？

背筋に冷たいものが走った。

麻衣子は言う。

「全体を重視して、個人を切り捨てるのか。全体が多少の犠牲をはらっても、個人の存在という価値そのものを尊重するべきか。これは、私たちの**共同体**につねにつきまとう問題ですね。この問題をモデル化した思考実験が次の例です」

スクリーンに船と船員たちの図があらわれた。

麻衣子は解説を読み上げた。

「30人が乗っている船がありました。しかし、船底に穴が空いてしまい、水が穴から吹き出しました。このままだと、船は沈没間違いなし。そこで船長が言いました。『大変申し訳ないが、この船は25人までしか耐えられないことがわかった。くじ引きで、5人降りてくれないか』……と。船底は、刻々と水に浸されていきます。不幸な5人と、難を逃れる25人。さあ、どうする？」

おいおい、設定がムリヤリすぎないか？　まず船底をふさげよ。船長、くじなんか作ってる間にほかにやることがあるだろ。

すると、麻衣子は僕の心を見透かしたように（そんなわけはないのだが）、解説を加えた。

「これはひとつの**問題設定モデル**ですから、『船底をガムテープでふさげ』とか『誰かが穴を手で押さえておけ』などの、テクニック的な答えは控えてもらいたいと思います。もう荷積も捨てきって限界ギリギリ……という設定なんです。哲学的な問題設定は、モデル化という手法を使います。物事のポイントをクローズアップして、わざと強調して設定します。ですから、常識はずれな印象を受けるかもしれませんがご了承ください」

麻衣子は、船員の状況に哲学的な解説を加えた。

「イギリスの哲学者、**ジェレミー・ベンサム**はこう言っています。**〈最大多数の最大幸福〉**……。できるだけ多くの人が幸福になる。一方、どうしても一部の人は犠牲になってしまう。

このベンサム説は、**量的功利主義**と呼ばれています。量なのだから、質は問わない。だから、幸福になる人間は人格などで選ばれるのではなく、単に量として扱われます。残念ながら、誰かが犠牲とならねばなりません。

さて、今の思考モデルをそのまま会社に置き換えてください。船は会社、船員は社員です」

前列に座っていた男性社員は挙手して、麻衣子と問答をし始めた。

「会社のために個人がつぶされていくというのは、納得できません。会社の体質を変えなければ。船の場合は、船底に穴があいてしまったということですが、それをふさぐための応急処置をするのが会社の建て直しに対応すると思います」

え？　底はふさげないっていう設定でしょ？

「会社の体質改善をして、リストラが起こらないようにするわけですね。でも、それは理想であって、船はどうしても沈むときがあるんです。会社もね。その場合はどうするのかというのが**哲学的問題**です」

また別な男性社員が挙手した。

「会社の側からすると、しょうがないことだと思います。全体が沈んでしまったらおしまいですから」

「リストラもしかたがないと」

「はい」

「言いにくい貴重なご意見をありがとうございました。誰かが犠牲になるということの考え方に反対される方はいらっしゃいますか」

内容はだいたいにおいて、会社を守るか個人を守るかのありきたりな問答だった。

僕としては、そんなの考えたってしょうがないじゃん、リストラされるときはされるんだからと投げやりに考えていた。

麻衣子は続けた。

「この問題を別の形で追求してみましょう」

選択02

暴走するトロッコは、何人をひき殺したらいいですか？

あなたはトロッコの運転手だ。トロッコは、かなりの高速に達している。

ところが、5人の作業員が、前方の線路上で仕事をしている。あなたは絶望する。このままでは作業中の5人をひき殺してしまう。

そのとき、あなたは、前方に線路の分岐点を発見した。そちらに進路を切り替えれば、5人は助かる。ところが、迂回路線にも1人の作業員がいて、こちらに切り替えればその1人をひき殺してしまうことになる。

線路の分岐点は目の前だ。

さてあなたはどうする？

Ⓐまっすぐ突き進む
Ⓑ迂回路線に進む

「これは、トロッコ問題（英：trolley problem）といって、イギリスのフィリッパ・フットによる思考実験です。**『ハーバード大学　白熱教室』**でもとりあげられた有名な問題です。さて、みなさま、選択してください」

社員の手元には、すでに数枚の選択シートが手渡されている。

僕はもちろん迂回するほうを選んだ。５人が犠牲になるより１人が犠牲になるほうがマシなのは明らかだからだ。

「それでは、みなさまのご意見をおうかがいしたいと思います。迂回するを選んだ方で、その理由を明らかにできる方は？」

男性社員が手をあげた。

「それしか選択肢がないと思います。５人を救うほうが１人を救うことよりも大切ですから」

「なるほど。はっきりとしたご意見ですね。ありがとうございます」

この選択は、これで終わりなのではないだろうか。それほど深く考えさせられる内容ではない。

さっきの船のエピソードといい、どうしようもないことだろう。ときには誰かが犠牲になって、より多くを救うのだ。

ほかに意見する者もなく、北条もふんぞり返って、うなずいていた。

「では、みなさんにお聞きしましょう。もし、前方の5人が実はテロリストで、線路に爆弾を仕掛けているのだとしましょう。その場合は？」

ええ？　いきなりの設定変更か？　いや、設定は変更されてはいない。僕らの物の見方が人数という要素だけに限定していたところに、その人間の人となりについて考えるという新しい切り口が出現したのか。

室内はざわめいた。

「はい」さっきの社員が立ち上がった。底をふさぐって言ってたやつだ。

「トロッコが暴走しているときに、そんな人間の素性なんかわからないと思います」

こいつ、またポイントずれてるよ。

麻衣子は「もっともですね」と答えた。

「けれども、これは先ほどの船の問題と同様、哲学的な思考実験と呼ばれるものです。**固定的な思考を破壊して、新しい切り口を発見するのが哲学的なスキルです。**みなさんのほとんどは、『迂回する』を選ばれたことと思います。でも、前方の5人がテロリストだったら、考えが変わる人もいるはず。こうやって、いままで当たり前と思えていた固定的な思い込みを、さまざまな方向から揺さぶりをかけて、新しい発想を生み出すことを促します。これが哲学です」

彼女の説明で少し僕も哲学がわかってきたような気がした。ほんの少しだが。哲学というのは、単なる説教や教訓ではないのだ。

一般的に哲学といった場合、「私の人生哲学」とか「あいつには哲学がある」とかいった使い方をするが、それは基本となる考え方という程度の意味だ。

彼女の説明はそれとはかなり違った。今の自分の考え方を吟味して、**新しい発想**を生み出すスキル。これって、仕事にも使えるんじゃないだろうか。

僕の心の中の箱のふたが、すこし開いた。

Maiko's Memo

沈む船の問題もトロッコ問題も、**功利主義**で読み解くことができます。

功利主義とは、19世紀の哲学者ジェレミー・ベンサムが唱えた説です。

ベンサムによると、自然は、人類を、「苦（pain）」と「快（pleasure）」という2人の君主の支配下に置きました。人間が何をなすべきかを指示し、また人間が何をなすかを決定するのは、この2人の君主だけであるというのです。

さらにベンサムは、善悪の基準も、この主権者の王座にまかされていると考えました。苦と快は、人間の行為や言動や思考のすべてを支配していて、人間はこの支配から脱することはできないというのです。

だから、利害関係者の幸福を増進するか減少させるかによって、いっさいの行動の是非を決定する必要が出てくるのです。

また、今までの哲学は、禁欲ということを強調していました。これはキリスト教の影響です。けれどもベンサムは、道徳や宗教による禁欲主義は間違っていると考えました。そもそも、禁欲をつらぬくのはムリですし、禁欲そのものが善である理由もありません。

それに対して、功利主義では、行為の善悪が、行為そのものの状態によって決まるのではなく、行為から生じる結果がどれだけ多くの快を含んでいるかによって決まるのです。だから、できるだけ大きな快＝幸福をもたらす行為が善ということになります。これが「功利の原理」なのです。

そこで、ある行為の結果が、どれだけの量の快または苦を生むかを知り、その大小を比較しなければならない。その方法が「快楽計算」です。これを社会全体に適用すると、「**最大多数の最大幸福**」が理想となります。


哲学というのは理屈っぽく、「我慢」「忍耐」「根性」とかを押しつけるものだと思っていたのだが、彼女の説明によると「道徳や宗教による禁欲主義は間違っている。禁欲を貫徹するのは不可能であるし、禁欲そのものが善であるわけでもない」というのだ。

禁欲主義は間違っている？　それが哲学？

僕の哲学へのイメージは、発破で破壊されたビルのようにグシャッとつぶれた。

麻衣子は言った。

「このベンサムの**快楽計算**は、私たちの日常的な行動選択から、公共的な政策に至るまで、あらゆる範囲で使えるものです。

7つのパラメータで、快楽（幸福）の計算をします。このチェックシートを持ち歩いて、人生の局面において、選択をすればよいわけです。たとえば、『ケーキを食べる』という選択に迫られたとしましょう。それぞれを差し引き計算してみてください」

麻衣子は続けた。

「目の前にケーキがあったとします。あなたはそれを何も考えずに食べますか？　快楽計算表で、チェックをいれてください。①**強度**、③**確実性**、④**近接性**はクリアしています。けれどもそれは②**持続**しますか？　⑤**多産性**は、糖分補給以外に何かありますか？　⑥**純粋性**から考えれば、肥満、生活習慣病などリスクがありますから、純粋な快楽とは言えないのでは？　⑦**範囲**については、周りの人にケーキが配られるわけではないのでゼロですね。こうやって自分の行動にチェッ

快楽計算チェックシート

①強度	その快がどれほど強いか
②持続性	その快がどれほど持続するか
③確実性	その快がどれほどの確実さをもって生じるか
④近接性	その快がどれほど速やかに得られるか
⑤多産性	その快が他の快をどれほど生む可能性があるか
⑥純粋性	その快が苦痛の混入からどれほど免れているか
⑦範囲	その快はどれほど多くの人に行き渡るか

クを入れれば、もしかしたら食べないほうがいいという選択ができるのかもしれないんです」

麻衣子は、ひと息ついてさらに続けた。

「人生の選択は、行き当たりばったりで決めてはなりません。すべて哲学的に検討することが、これからの時代を生き抜くには重要になります。**哲学的な検討はおよそすべての物事に応用することができるのです**」

麻衣子の説明によると、それを身につければ、人生のさまざまな問題について判断もできるし、解決の糸口も見えてくるかもしれない。僕の心の箱がさらに開いたような気がした。

「さて、次に進みましょう。みなさんは、毎日いろいろな人と接触しますね。名刺の交換、プライベートなメアドの交換など。その中で、意識的あるいは無意識的に選別をしていませんか？『この人と親しい知り合いになることによって、はたして利益があるのか？』なんてね」

おお、そういうさもしい考え方、僕も持っているぞ！

僕はすこしワクワクしながら次の選択を待った。

選択
03

役に立つ人間と役に立たない人間？

あなたが駅のガード下をくぐり抜けたとき、1人のホームレスが物乞いをしてきた。

あなたは彼の物乞いに応じるべきだろうか？

Ⓐ無視してその場を立ち去る
Ⓑほかの人と平等に接する

僕はこのシートをみて、「Bはできないな」と思った。

「ある成功哲学セミナーではこんな説明がなされています。あなたと接触する相手が、今の身分はどうであれ、成功するか失敗するかはまったくの未知数です。

言い換えれば、相手の今の状況にかかわらず、将来的にその人物が、あなたにメリットを与えてくれるかどうかは、あまりに複雑なパラメータがからんでいるため、予測不可能です。

だから、自分にメリットを与えてくれるかもしれない人にも、一見、自分にはなんのメリットも与えてくれないように思える人に対しても、平等に接することがめぐりめぐって、あなたに幸福を運んでくれるかもしれないという考え方です」

たしかに、目の前のホームレスは、自分にとっては価値の低い人間かもしれない。だが、数カ月後、彼はあるきっかけから起業して大成功し、フェラーリに乗ってタワーマンションに僕を招待するかもしれない。

実際、ホームレスから社長になったり、お笑い芸人になったりしている人はいるし。ホームレスという状態は、一時的な風邪みたいなものかもしれないぞ。

僕はどちらを選択するか迷った。これってあとで提出させられるのだろうか。提出させられるなら、麻衣子にチェックされるのだろう。そのとき、無視するほうを選んでいたら、冷たい人間だと思われてしまうかな……。僕は哲学からかけ離れた打算的な迷いでぐるぐるしていた。

ただの紙切れのはずだが、僕はまるで、この選択で本当に人生の行く先が分岐して将来に影響しているような気分になった。

北条は、すでに選択を終えたらしく、腕組みをしてあごを突き出しながら天井を見つめている。

こいつは無視するタイプだな。


「さて、いかがでしょうか。**ハイデガー**という哲学者は、文明が発達しすぎた結果、人間も道具として捉えられ、**役に立つか・立たないか**という観点で判断してしまうと説きました」

たしかに、人間とはさもしいもので、勢いがあって、自分にメリットをもたらしそうな人間には下手《したて》に出て、その逆の人間には冷たい態度に出ることがままある。誰に対しても平等でなければならないのだが、打算が働いてしまう。

「やっぱり、人間って目先の状態に惑わされてしまいますよね。それに、誰にでも平等に……とはわかっているんですけど、ビジネスの世界では、非情にも**どちらかを選択をしなければならない状況**もたくさんあります。

ですから、皆様に提案いたします。

他人との出会いはどうか大切にしてください。人を物として見るのではなく、尊い人格としてとらえましょう。役に立つか立たないかで判断しないでください」

なるほど、まっさきに接するのは人間だからな。その人間を尊重するべきだというわけか。

でも……だったらホームレスにも礼儀正しく接するべき？　僕の心には疑問が残った。

Maiko's Memo

ドイツの哲学者マルチン・ハイデガーは、この問題について言及しています。本来は真理を追究することによって得られた技術が、いったんシステム化すると、そこにおいては「役に立つこと」しか重視されない。その結果、人間も役に立つか立たないかという観点から仕分けされてしまうというのです。

まさにこれは現代人が直面している姿といえましょう。

選択
04

正直に言うべき？

ある商店で小物を買った。

価格は1500円のはずが、レジで2000円を出したらおつりが1000円返ってきた。

Ⓐおつりが多すぎますと正直に言う
Ⓑ黙って受けとる

これまたせこい話だな。500円のことで哲学的選択を考えるのか。

「この場合、金額が500円の間違いですが、これが1万円だったらどうしますか？ あるいはあなたの銀行口座に5000万円が振り込まれていたとしたら？

この選択では**正義**について考えてみましょう。

正義というのは、法律を守ること、人と人の間で均等な配分がおこなわれること、そして、公正さを保つことです。だったら、正直に言うべきでしょうか、言わなくてもよいのでしょうか」

前列の男性社員が手をあげて意見を言った。

「正しさという意味では、正直に言うべきではないでしょうか。金額の大小は関係ありません」

「なるほど。正直に言う、ですね。ほかにご意見のある方は？」

「はい！」

前のほうの列の端に座っている女性が手をあげた。メガネをかけ、髪を無造作に束ねている。

「これは店員のミスなので、ミスの責任を店舗が負うというのは正しいと思います。間違えるほうが悪いんです。

あと、店員もこのミスを修正したり、お客さんとのいざこざがあったりすれば、全体的に売上が減るかもしれません。したがって、店としても想定内の割引に計算すればよいと思います。黙っているほうが店にも自分にも利益になるならば、そちらのほうがいいと思います」

な、なんだ？　このメガネ女。なんだか厳しい意見だな。

僕の動揺をよそに、麻衣子は顔色ひとつ変えなかった。

「なるほど。その状況に応じた対応をすることがかえって正しいということもあるわけですね」

「そうです」

別の男性社員が発言した。

「私は正しいことは正しい、間違っていることは間違っていると棲み分けをしたいですけどね」

「なるほど。白黒はっきりつけたいというわけですね。どうもありがとうございました。この問題も意見がわかれるところですね。　では、次です」

選択
05

儲かるならば、どんな仕事をしてもOK？

Fくんは、金が儲かればどんな仕事でもするという。看板を掲げて一日中立っているだけで時給が1万円だったら、今の仕事をやめるという。金よりも自分のスキルを高めることが大切だと批判をされると、スキルを磨くのも金のためだと彼は反論した。スキルを磨くのは魂を磨くということではないのか？

Ⓐ**金をもらうために仕事をする**
Ⓑ**自己実現のために仕事をする**

おっと、これは難しい問題だな。

誰だって、何のために働いているかと聞かれたら、金のためだって答えるだろう。それは間違ってはいない。けれども、金のためだけに働くというのでは、どことなくむなしい。

「仕事についてお聞きします。みなさんは、何のために仕事をしているのでしょうか」

麻衣子は質問を投げかけた。

「仕事は**自己実現**だと思います」と、隣に座っている北条がまさかの発言をした。

挙手もなしでいきなりだ。僕はかなり引いてしまった。

「自己実現！　すばらしい！」

麻衣子は説明を始めた。

「労働って、面倒くさいものだと思っていませんか？　そうではないんです。遊んでいるより、労働のほうがお得なんですよ」

ええ？　労働より遊ぶほうがいいにきまってるだろ。

「18世紀ドイツの哲学者、**ヘーゲル**は考えました。労働って人間がその目的に従って自然物に加工をほどこし、なにかをつくり出す活動ですよね。文化と社会を生み出す活動も労働です。それに対して、消費は破壊です。たとえば何かを食べるという行為は、対象を壊しているんです」

食べるという行為は壊していること……。そんなことは考えたこともなかった。空腹が満たされるというプラス面しか見ていなかったが、たしかに寿司や焼き肉も、咀嚼するとバラバラにぶっ壊されているな……。

「食べることだけではありません。使えばなんでも消耗します。そして、その根底には**欲求**があるわけです。

ヘーゲルによると、欲求を満足させるということは対象にとって**破壊的・否定的**なものなのです。

でも、欲求って満たされてもまた湧いてきますよね。欲求の充足は一時的にすぎません。ある欲求を満たしても、また、別の欲求があらわれて、その充足にはきりがないのです。

みなさんも、もうそろそろのどが渇いたとか、お腹がすいてきたとか、さまざまな欲求が湧いてきたんじゃありませんか。この会場から抜け出したいとか……」

麻衣子は笑ってつけ足した。

「欲求において人間は自分と対象との一致を持続させることはできません。やみくもに欲求を満たしてもゴールはないのです。

でも、労働はどうですか？　労働は対象に新しい形態を与えます。品物を作ること、運ぶこと、販売することなど、なんでもいいんです。すべての労働は、新しい形を生み出しています。これは、**形成的・積極的**なんです」

そうか。**消費はぶちこわすこと、消耗させること**、一方、**労働は作ること**。ふーむ。これはあきらかに、労働のほうが価値が高いと言うしかなさそうだぞ。

「服を作ることを考えてみてください。アーティストがデザインを決めたり、素材を裁断して、つなぎ合わせたりします。これは、自分自身のイメージを外側に形成し、自分の作品を完成させる働きです。

つまり、**労働とは、自分の作品や仕事のうちに、自分自身の行為を確認することですし、自分の内側を外から眺めるという行為**なんです」

労働は自分の作品をつくること……。

そうか。僕らが働いているのは、お金をもらうためだけではなく、自己実現のためなんだ。たしかにそうじゃないと仕事なんかやってられないよね。苦しいだけじゃ続かない。そのなかに自分を高めてくれるメリットがあるから仕事を続けているわけだ。

「それだけではありません。労働をつうじて自分を鍛えることができます。さまざまな知識が増し、技能が上達していくのです。つまり、**労働によってスキルを磨き、自分自身の力を蓄えていることになるんです**」

できるだけ楽をして儲けて、快楽におぼれたい。それが今までの僕の考え方だった。それって、後ろ向きで逃げ腰の態度だったんだ。よく小学校のころから働くことは尊いと説明を受けてきたけど、社会人になってそれが正しいのかどうかわからなくなってきた。

でも、麻衣子の説明を聞いていると、労働こそが人間の生きる意味であるような気がしてきた。いい話じゃないか。やる気が出てくる気がするぞ。……これって洗脳されてるのか？

「仕事が面倒くさいとか、金だけ儲けて遊んでるほうが得だ、などと考えるべきではないのです。**仕事そのものが、自分自身を高める目的そのものであり、生きがいなのです**」

麻衣子はそう語ったあと、「さて、本日の最後の選択です」と切り替えた。


「あなたは自分の力で**意志決定**していますか？」

麻衣子は、全員に聞いた。

「たとえば、ダイエットが続かないとか、フィットネスクラブに入会したはいいけれど通えないとか、早起きができないとかいうのは、**自由**な意志決定ができないからかもしれません。

では、自由の概念をもうすこしはっきりさせるために、この選択を試してみましょう。はたして、選択は自分自身だけでできるのか、他人の影響もあるのか。そして、自分自身をコントロールするにはどうすればいいのか」

選択
06

自分をコントロールする方法とは？

あなたは、明日までに仕上げなければならない仕事をかかえている。
家に帰ってかたづけようと思ったが、体がだるくてどうしようもない。
ああ、自由になりたい……。
ところで、より自由なのはどちらだろう？

Ⓐ **あきらめて寝ること**
Ⓑ **苦しくても仕事をすると決意すること**

「18世紀ドイツの哲学者、**カント**は**自律の精神**について説きました。自律の精神とは、自分で自分をコントロールする精神。これがカントのいう自由です。

ふつう、自由というと、時間にも縛られずに、なんでも好きな物を買ったり、食べたり飲んだり、着たり……というようなことを思い浮かべますよね。けれども、カントのいう自由はそれとは全然違うんです。**自分自身の意志決定で欲求をコントロールする**ってことなんです。

仕事でいえば、企画書をつくらなくてはいけないときに、嫌な気分が起こってきたとしましょう。もし、『いやだな、明日にまわすか』と回避すれば、それは実は自由ではなくて、欲望にコントロールされていることになります。でも、『いや、あえて苦しいけれども、企画書を作るぞ』と自分で決めることができれば、あなたは**欲望をコントロールしたことになるので、自由な存在だと言えるのです。**

モティベーションが上がらないとき、あなたは**理性の力**で、あなた自身の気持ちをあやつることができるんです。

サボりたくなったら、ぜひ考えてください。自分は今、動物と同じになっているんじゃないだろうか。自分は人間なんだ。理性をもっているんだ。だから、人間だけがもっているこの力で、真の自分をとりもどそう！　サボるのはやめて、仕事をしよう！ってね」

この説明には驚いた。やりたいことをやりたい放題おこなうことが、自由なのだと思っていたからだ。ところがそれは動物と同じだったんだ。

いやなことを我慢して、自分を支配することこそがホントウの自由だったのか……！

Maiko's Memo

ドイツの哲学者、カントの散歩がとても正確だったのは有名です。毎日時間通りの正確さで歩いていたので、村人は彼の姿を戸口に見かけたら時計をあわせたと言われるくらいです。

けれども、カントはルソーの著作『エミール』を読んで、人間の自律的な精神に深く心をうたれました。このときだけ、日課の散歩をとりやめたといいます。

カントによると、人間には、因果律に縛られないような心の声が聞こえるといいます。

「褒められなくてもいい。無条件に人を助けよう」とか「お金はもらえなくてもいい、無条件に働こう」などです。

カントの「**無条件に〜せよ**」ということの命令を**定言命令**（命法）と呼びます。

彼は、定言命令に従うときこそが人間に自由があると考えたのです。言い換えれば道徳的な命令に従っているときこそが自由なわけです。ドミノ倒しのドミノのように、バタバタと倒れるのは機械的な動きですから、自由はありません。

よって、おなかがすいたから食べるというのは、自由ではありません。

「まだ食べたいけれど、ちょっと我慢しよう」というときこそ自由があるのです。

「今日のセミナーでは、物事にさまざまな考え方の切り口があるという事実を知っていただけるだけでいいんです。なにも正しい答えを求めているわけではないのですから。**あらゆる出来事に、常識を超えた考え方が潜んでいること。そして哲学はそれをあらわにすること。**そういったことがわかっていただけでいいと思います。

この訓練を続けていくうちに、あたりまえのことがあたりまえではなくなってくる。見えない世界が見えてくる、そんな体験ができるようになるはずです。みなさん、是非そういった不思議な体験をしてください。考えることで世界を広げてください。

今日はお疲れ様でした。最後までご清聴いただきありがとうございました。それでは、第1回のセミナーはこれにて終了させていただきます」

セミナーは拍手とともに終わった。

多くの人が新しい思考法に興味をもったようだった。僕も含めて。

どうやら僕は、今まで何も考えずに生きてきたような気がする。身近な問題の中に、哲学性があったとは。また、日々、そんな選択を知らないうちにしていたことも明らかになった。僕はいつしか、自分の中に哲学的な選択への興味がわきつつあることを感じていた。

麻衣子との遭遇と接近

セミナーが終わって、僕は会議室から出た。

考えるという行為自体が僕の脳には大変な刺激になったようだ。なんだか頭がギンギン活性化しているような感覚を覚えた。

数人の社員が麻衣子を囲んで、目を輝かせながら質問をしていた。

「哲学って、私たちにも関係があるんですね！」

そんな声が聞こえた。にやけた男性社員も混ざっている。哲学に興味があるのか、彼女に興味があるのか。おそらく後者だろう。

僕はもちろん、彼女に近づくことはない。できるだけやっかいなことは避けたいから。

階下に降りるエレベーターに向かっていると、背後から声がした。

「おい、佐藤」

北条の声だ。振り返ると彼が膨らんだＡ４の封筒をもって近寄ってきた。僕も同じセミナー資料の封筒を持っていたがそんなに厚みはなかった。袋の口から無造作に折りたたまれた書類がはみ出している。

「なんだい」

「わけのわからないセミナーを受けさせられたな。とんだ災難だったよ」

彼は照れ隠しをしているのだろう。

「けっこう君はのってたじゃないか」と言いそうになったが、餐出麻衣子がセミナー室から出てきてこちらに向かってくる姿が北条の背後から見えたので言葉を控えた。

それどころか北条の前言がもしかすると微妙に彼女に聞こえていて、僕もそれに賛同しているように思われているのではないかと気を回しすぎ、「いやぁ、すごくためになったよ。素晴らしいセミナーだった！」とわざとらしく答えてしまった。それも大声で。

麻衣子に聞こえたのは間違いなかった。


彼女は僕らのそばまで早足に歩み寄ってきて「それはよかった」と笑顔で話しかけてきた。

「私のセミナーがお役に立てて。あなたは営業部の北条さんね。さっきは積極的にセミナーに参加してくださってありがとう」

北条のネームホルダーを見て麻衣子が礼を述べると、北条はばつがわるそうに「いえいえ」と手短に答えた。

麻衣子は僕に向かって右手を差し出してきた。

「餐出麻衣子です。どうぞよろしく」

え？　ああ、自己紹介か。握手なんて、欧米みたいだな。慣れないことに一瞬頭がフリーズしながら僕も「佐藤明です」と形式的に名前を教えた。

「そうだわ。もしお時間があったら、ぜひほかの哲学選択シートにもご意見をいただけないかしら。まだ、たくさんあるのよ。人生の選択問題……」

「あんなよくわからない選択と対処法みたいなものが、まだあるんですか。そんなに考えてばかりいたら行動できなくなりそうですよ」

北条はまたひねくれた態度をとりはじめた。こいつ、ベクトルが反対に走るタイプだったりして。僕は、もしかして北条が餐出麻衣子に気があるのではないかと変に疑ってしまった。

「そうではないんです。人生は瞬間ごとがテストみたいなものなんです。**何を選択するかで未来が変わってしまうんですよ。**あなたの今のあり方は、物心ついたときからの選択の集積であると言えるんです。だから、これからも〝正しい〟選択をしていかなくてはなりません。未来が変わるんですから。それには、テスト対策のように、人生の選択対策が必要なんです」

僕は麻衣子に話しかけてみた。

「そういえば、朝から選択の連続ですよね。何を食べるのか、カバンに何を入れるのか……」

すぐに愚鈍な意見であることに気づいたがすでに遅かった。

だが、意外にも麻衣子は目を輝かせた。

「そうそう！　すばらしい！　それが人生の選択です！　人間は１日に約３００回も選択をして

いるという説があります。どんな服を着るか、どんな靴をはくか、何を食べるか、飲むか。それがマルチタスク的に深層心理に負担をかけているんです。その上に、仕事上の選択、人間関係の選択、家族問題の選択など、より重要な選択も加わってきます。

もしお時間があれば、今からお茶でも飲みながら、いろいろな選択シートを見ていただけると助かるんですけど」

僕は人生の選択にちょっと興味も出てきたし、こんな美人インストラクターの個別授業がうけられるんなら、それもまたいいなと考えた。

ところが、僕が返事をする間もなく、北条が「いいじゃないですか！　人生の選択！」と大声を上げた。

廊下に声が響き渡ったので、北条は声のトーンを低めて「おもしろそうですね、人生の選択」と繰り返した。

「佐藤さんもいいかしら」

僕が承諾したのは言うまでもない。

第2章▼

人生の選択に根拠はありますか？

哲学は、全人類の知識保管ボックス？

僕らは社員食堂に場所をうつし、それぞれ飲み物を持って窓に近いテーブルに座った。社員食堂には人がまばらにしかいなかった。

「麻衣子さんは、どうして哲学インストラクターをしているんですか」

北条が質問した。

彼女は少し間をあけて、「それは自分でもわからないわ」と言った。

「わからない？」北条は怪訝な顔をした。

「嗜好っていったらいいかしら。それをしなければならないからしているのではなくて、せざるを得ないというか……」

「なるほど、釣り好きが釣りをせざるを得ないという感じですかね」と北条はコーヒーをすすった。麻衣子のおごりだ。僕もコーヒーに口をつけた。

「ちょっと違うけれども、そういった感じかしら。頭から離れないというか、『なんでなんで？』っていう質問が朝起きたときから寝るまで続くのよ」

「それって病気じゃないですか？」と北条は失礼なことを言った。

「病気かもね？」麻衣子は笑った。「哲学病ね。あなたたちも気をつけてね」

「さて、本題の哲学選択について、よろしくお願いしますね。まずはこれなんですけど」

麻衣子は3枚の用紙をファイルから取り出し、僕と北条に渡した。

「佐藤さんは、お酒は飲みますか？」

「いえ、僕は飲まないです」

「タバコは？」

「吸いません」

北条は、タバコは吸わないがよく飲むほうだと答えた。

「それと哲学が関係あるんですか」

僕は質問しながら、麻衣子から手渡された用紙に目をやった。

選択07

自分を高める快楽か、その場限りの快楽か？

あなたは、フィットネスクラブへ行く予定だった。

もちろん健康を気遣ってのことである。

ところが、友人が居酒屋へ行こうと誘ってきた。

とてもうまい唐揚げがあって、マヨネーズをたっぷりつけると最高らしい。しめはコテコテの豚骨ラーメンだ。とても健康にはよいとは思えない。

あなたならどうする？

Ⓐ フィットネスクラブへ行く
Ⓑ 唐揚げを食べにいく

ほかのシートには、先ほどのセミナーで配られた「快楽計算チェックシート」と同じ表が載っていた。その下には、「質的快楽チェックシート」というものが記されていた。

この表には、「快楽計算チェックシート」とちがって、計算の尺度となる項目がなかった。

「快楽にも質があると言ってベンサムの功利主義を批判したのは、イギリスの**J・S・ミル**よ」

「ふーん……。で、この表は質的に高い快楽がよいってことを意味してるんですか」

「はい。ミルは言いました。『満足な豚であるよりも不満足な人間のほうがよい。満足な愚者であるよりも、不満足なソクラテスのほうがよい』とね。快楽にも高級と低級があるってことよ」

質的快楽チェックシート

質的に低い快楽	質的に高い快楽
食べ放題、飲み放題	腹八分目で味わって飲食する
惰眠をむさぼる	適度に眠る
低俗なテレビ番組を見る	ためになるテレビ番組を見る
残虐なドラマを見る	ヒューマンドラマを見る

僕はそんなことまでとやかく言われる筋合いはないと思った。快楽なんか個人の勝手だろうに。

「となると、音楽だったらクラシックがよくってヘヴィメタルはダメってことですか」

北条が聞いた。

「そうなるわね」

「それは変だな」

僕は麻衣子に反論をした。

「どうして？」

「音楽に、質的によいも悪いもないんじゃないかな」

「質的に考えれば、歴史に残るのが高尚な音楽で、歴史から消えるのが低級な音楽ということになるわね」

麻衣子は僕にからかうような目を向けてきた。

本当にそうなんだろうか。僕は言葉を返せなかった。何かがおかしい。でも何が？

「オレもクラシックのほうがいいと思うぞ。メタルよりはな。あんな悪魔教みたいなのは受けつけないよ」

僕はメタルもけっこう好きなんだけどな。でも口に出すのはやめておいた。

すると麻衣子が解説をしてくれた。

「じつは、ベンサムの量的功利主義では快楽の質は考えないから計算ができるの。一方、**質的功利主義**では、快楽の質を考えるから計算ができなくなるんです。

単純に快楽の量を増やせばいいのか、快楽の内容について考えなければいけないのか？　意見がわかれるところね。だから立場によって音楽の好みは人それぞれなのよ」

「快楽計算表によると、酒をガブガブ飲むのもタバコをガンガン吸うのも、本人がものすごく強い快楽を感じている場合は、総合的にプラスってことだな。太く短く生きるってことだ」

北条は満足そうにイスにふんぞり返った。

「それでいいのかい？　それもなんだか変だよ」

「そうね。佐藤さんの気持ちももっともよ。

大切なのは、何かを判断するときに今自分は質的に考えて判断しているのか、それとも量的なのか、見つめなおすといいってことね。そうすれば、量ばかり求めていた人は、質も考えて行動しようかなとか日常生活を変える契機になるかもしれない。

この思考法は仕事にも人生にも応用することができるわ。太く短く生きることを選んだ人も、**なぜそうしたいのかという自分の選択の根拠がハッキリするわけだから、よりブレにくくなる**というわけ。あるいは、理由もなくその選択をしていたとしたら見直すきっかけにもなります」

麻衣子は続けた。

「ところで**哲学は、過去の哲学者たちのメソッドのアーカイブなんです**」

「アーカイブ」と僕は麻衣子の言葉をオウム返しした。

「そう。『記録文書類』あるいは『記録保管所』ってこと。哲学といってもいろいろな流派みたいなものがあるから、その中から自分にあった哲学説を選べばいいのよ。人はよく、自分の考えは自分で編み出したと思いがちだけど、実はどんな人も必ず**哲学の影響を受けている**ものなの。たとえば、人生楽しく生きるべきだと考える人と人生は苦しくても修行の場だと考える人がいたら、それもまた哲学のアーカイブから影響を受けているわけ。前者は功利主義、後者はギリシア哲学や儒教ね」

「人生楽しく生きればいいってのも哲学なんですか」

「そう。もっとすごいのもあるわよ。同性愛をおもいっきり認める哲学者もいるし」

ええ？　唐突な彼女の発言に僕は驚きをかくせなかった。

僕の哲学に対する印象は、どんどん変わっていった。

麻衣子は哲学が破壊だと言っていたが、そういうことか。

「常識で考えたらだめなの。あえて非常識に考えるのよ」

「それじゃあ、変人扱いされて社会から浮いてしまうのでは？」

かなり変人の北条が返した。

「もちろん思考上の話ですよ。思考実験なら大丈夫でしょう？　何を考えたって自由なんですから。そこからクリエイティブな発想が出てきたら儲けものじゃないですか」

自分の頭の中が実験室ってことか。

哲学って**人生のシミュレーション**なのかもしれない。あらゆるパターンを頭の中で実験しておいて、それも、現実的にはありえないようなことまで考える。そこから、常識はずれの発想をとりのぞいて、現実の世界に適用すればいいわけだ。

「じゃ、これはどうかしら」

麻衣子は次のシートをファイルから出した。

選択
08

電車の中で化粧をしてもいい？　悪い？

あなたは、電車にのって腰をおろした。車内はそれほど混んでいない。

あなたの目の前に座っているおそらく20代であろう女性が化粧を始めた。

女性の両サイドには人はいない。

さてあなたはこの行為についてどのような判断をくだす？

Ⓐ 電車の中の化粧は許せない

Ⓑ 電車の中の化粧はかまわない

こんなことも哲学で考えるなんて……。

「さて、どうでしょう。佐藤さんはどっち？」

「僕は……、別に気にならないな。どっちでもいい」

するど、北条は腕組みをしたまま「オレは許さんぞ！」と言い切った。

「なぜ？」と麻衣子。

「電車の中で化粧するなんてはしたないでしょう」

「はしたない……。それが理由ですか」

「そうですよ。はしたないとか恥ずかしいとか、そういったことが理由です。その他、まわりの人が不快に思うというのもあるかもしれませんね」

北条は正論を説いた。

「でも、はしたないとか恥ずかしいとかいうのは、**価値観**の問題よね」

「そうですよ」

「それじゃあ、論理的な判断はできないわ」

「論理的？　女性が電車の中で化粧をしているのを論理的とかなんとかで判断できるんですか」

「そうです」

「オレが言っていることは論理的ではないと？」

北条の反論モードにスイッチが入ったようだ。

「そうですね。はしたないからとか恥ずかしいからというのは、共同体の価値観としてとても重要です。でも、電車内の化粧のように意見がわかれる場合は、もう少し問題を具体化したほうがいいわね」

麻衣子は少しも顔色を変えず、シートを取り出した。「判断チェックシートよ」


麻衣子はシートを指さしながら説明した。

「これはアメリカの哲学である**プラグマティズム**の立場から、判断の形式を私たちが日常で使えるように整理してみたものです。

この表に示されているように、判断には『**事実判断**』と『**価値判断**』の区別があります。『事実判断』は、『ある事柄が事実である』とする判断です。一方、『価値判断』は『ある事柄が事実でなければならない』とする判断です」

僕は確認をした。

事実・価値判断チェックシート

判断の形式	事実判断	価値判断
判断の内容	〜である 〜でない 〜が望まれている 〜が望まれていない	〜でなければならない 〜でもよい 〜は望ましくない 〜は望ましい
例	あの人は化粧をしている。	あの人が化粧をしているのは、はしたない。

「出来事をそのまま判断するのが『事実判断』で、自分の価値観でもって判断したら『価値判断』なんですね」

麻衣子は、僕のシートの表を指さした。

「そうです。たとえば『あの人は○○をしている』というのが事実判断であるのに対して、『あの人は○○をすべきではない』、あるいは『○○は醜い』というのは価値判断です。

つまり、北条さんのように、『それははしたないからよくない』と判断した場合は、『それは良心に反するからよくない』『それは魂が傷つくからよくない』というような唐突な意見と同じで、価値判断になります。単に『望ましくない』と繰り返しているにすぎません」

「なんだって？　物事を価値で判断するのは当然なんじゃないか」

北条は憤った。

「そう。でも、それでは解決にならないわけ。現に、電車内で化粧をするのはいいのか悪いのかという話になると議論は平行線を辿るんです。見ていて不快だからいけないとか、マナー的にいけないとかね。結局、単に自分の価値観を押しつけているわけ」

僕は麻衣子が電車内での化粧を肯定しているかのように感じた。彼女も車内で化粧するんだろうかと考えてもみた。

「ある女性が車内での化粧を『望んだ』としましょう。けれども、それによってゆがんだ人間関係が生まれたり、さらに、身体的な問題を引き起こしたりする可能性を含んでいます。たとえば、電車が揺れてビューラーでまぶたを挟んでケガをするとかね。こうした事実を考慮するとき、『望まれた』事柄はとうてい『望ましい』事柄とはいえなくなります」

なるほど……。結果の事実から判断するわけか。人って、「それはよい」「それは悪い」というひとりよがりの価値判断をもっているのがふつうだからな。

本質的に車内の化粧が悪いとか悪くないとか、見た目がどうとかいうと、その人の価値が根拠になるわけだけど、その視点で考えると混乱するってことだ。

それをスッキリさせるには、結果から判断するというわけだな。

「結局、**電車の中で化粧をしてはいけないとは誰も証明できない**わけなんです。ただ、不快に思う人たちがいるというだけのこと。もし世代交代して、その不快に思う人たちが少数派になると、電車で化粧をするのが常識になるかもしれません。歴史上にそういったことは多々あります」

「いや、何かがおかしい……」

北条は不満そうだったが、そのまま黙ってしまった。

僕も、この展開には意外な気持ちを抱いた。この選択を見たときはてっきり「電車の中の化粧はいけない」とする立場が哲学で裏付けられるものだと思っていたからだ。

すくなくとも麻衣子には電車内で化粧はしてほしくないな。別に、まぶたを挟んでケガすることを心配しているわけではない。やっぱり品がない気がするからだ。でも不思議だ。この考え方を証明する論理的根拠がないなんて……。

僕はぼんやりと窓の外を見つめた。

Maiko's Memo

19世紀のイギリスの哲学者J・S・ミルは自由の幅を大きく広げました。彼によると、趣味などは、自分だけに関係する自由であり他人に害を及ぼさない限り絶対的なものであるから、社会が干渉してはならないというのです。

たとえ、「理性的でない愚かな行為」と見られようとも、みずから最善とみなす行為を選ぶ自由があると言うのです。もちろん、他人には忠告を与える自由があるとされます。

パンクなファッションがどこまで許されるのか？　議論を呼びそうですが、極端なことを言えば、ビジネスマンだって、スキンヘッドで、舌にピアスを5、6

個つけていてもいいわけです。

ミルの自由論には以下のように書かれています。

「いかなる行為でも、社会に対して責を追わねばならぬ唯一の部分は、他人に関係する部分である。単に彼自身にだけ関係する部分においては、彼の独立は絶対的である」（『自由論』）

「佐藤さん、大丈夫？」

麻衣子の声でハッと我に返った。窓の外を眺めていたら、一瞬自分がどこにいるのかわからなくなっていた。そうだ。ここは社食だ。麻衣子から哲学のレクチャーを受けているところだった。哲学的思考にのみこまれそうになっている自分を感じて、僕はあわてた。

「あ、すみません」

「セミナーを受けると、はじめはついていけずに思考回路がショートしたような状態になる人も多いの。正しいと思っていてもうまく説明できなかったり、まったく別の見方を提示されて頭が混乱するのよね。でも、それでいいんです。

さて、気を取り直して、次の選択を見てみましょう」

選択 09

道徳的って非道徳？

会社帰りに同僚と飲み屋へ行こうとしたら、ある人が「酒を飲んで遊んでいるなんて、非生産的だ。もっとストイックになるべきだ」と言ってきた。あなたは、これに対して何と答えたらいいのだろうか。

Ⓐ **私はストイックには生きられません**

Ⓑ **わかりました。飲むのは控えます**

「たとえば、北条さんがお酒を飲んでいるとします。となりに下戸《げこ》の人がいたとしましょう。下戸の人はお酒を飲めないという理由で、自分が北条さんより不利であると感じているとしましょう。酒も飲めないなんてダメなヤツだと思われているんじゃないかと。

そこで、下戸の人がこう発言したとしたらどうでしょうか。『酒は人を惑わせるし、飲みすぎれば体にも悪いし、酔っぱらって他人に迷惑だってかけかねない。そんなものを飲んでいる暇があったら読書でもしていたほうがいい』と」

「いやなやつだな」

北条は顔をしかめた。

「そうでしょう？　でも、下戸の彼が言っていることは、〝道徳的〟だと思いませんか？

ニーチェは、**道徳が強制力をもつ**として、道徳を批判したんです」

道徳……。たしかにそうだ。正論かもしれないけど、説教くさいにおいがぷんぷんしてるぞ。

麻衣子の言わんとすることが理解できたような気がした。

「なるほど、**道徳を振りかざされると、正論ゆえに、反論できない**のか。『酒を飲むのはオレの勝手だ』なんてやり返したって、言い訳にしか聞こえない」

「そう。道徳ってそんな使い方をされるときがあるってことですよ。一見正しく、強制力をもつことがあるから注意が必要なの。でもこの仕組みさえ知ってしまえば、いわゆる〝正論〟に論理的に反論することも可能になるわけ。あるでしょう？　仕事でも。相手の主張は正しいけれど、もやもやしたものが残ることが」

ああ、それはたしかにあるね。

「よくコンビニとかで、空いているレジに商品を持ち込んだら『奥1列に順番でお並びくださ い』とか言われるじゃないか。あれ、腹が立つんだよ」

僕は不愉快な体験を思い出した。

「それは、並んでいないおまえが悪いんだよ」

北条は言った。

「そうじゃないんだ。あれが道徳が権力として働いている典型例だよ。列に並ぶことは、いいんだよ。でも、店によって足のマークとか、ラインとか全部違うんだよね。だから、勘違いは起こるんだ。それもしかたがない。問題は、店員の発言だよ。1列に並ぶことが決まっている。だから正しいのだって言った瞬間に、彼は主導権を握っているんだよ。つまり、権力だ」

「そうか？　おまえおかしいぞ」

「なんて言ったらいいのかな。表現しづらいんだけど……。とにかく、店員のあの態度は道徳を振りかざしていて、ドヤ顔で、だれも反論できないんだ」

「じゃあ、店員はなんて言えばいいんだ」

「そうだね。〝購入と販売の効率性を高めるためにお客様には順番に並んでいただくようご協力をお願いさせていただいておりますが、わかりにくい場合は大変申し訳ありませんが、奥1列にお並びいただきたく切にお願い申し上げます……〟くらいのへりくだった態度が必要だと思うよ」

「なげーよ！」

「佐藤くんの主張はまさに権力論ね。要するに、正しいことをふりかざして、自分が優位に立てるような場合は、それは道徳が権力として作用しているということよ。つまり、道徳によって武装している。道徳で自分が力を得ているとするなら、それは非道徳かもしれない」

「そう！　道徳を振りかざす人って、すごく非道徳なんだ。暴君なんだよ」

哲学プロジェクトの誕生

そのとき、麻衣子が僕と北条の背後に向かってぺこりと頭を下げた。振り返ると新井部長がトレーにカレーとコーヒーを載せて立っていた。

「ちょっと小腹がすいたので、食事を失礼させてもらうよ」

部長は僕らのテーブルに座りながら言った。

「餐出くん、教育はうまくいっていますか」

「教育だなんてとんでもない。こちらこそ学ばせていただいています。特にこのお二方は筋がいいので、哲学メソッドがすぐに仕事に活用できると思いますよ。今も、哲学についての鋭い質問を受けていたところなんです」

「そうですか。先ほどのセミナーの評判もよかったそうなので、餐出くん、ぜひよろしくたのみますよ」

麻衣子はかるく会釈した。部長はカレーを口に運んで、小休止してから話し始めた。

「君たちが哲学メソッドを研究をしているなんて、その意気込みには感銘をうけたよ」

「部長は、電車内の化粧についてどう思いますか」

北条が部長に水を向けた。

「化粧？　オレはしないよ」

部長は天然ボケで返した。

「……いえ、女性が電車の中で化粧をする行為について、是か非かということです」

「ああ？　電車の中で化粧なんてするのか」

部長は知らないようだった。

「そんなの勝手だろう。すればいいだろう」

こういう人もいるわけだ。問題意識を感じないということか。


「急に思いついたんだが、北条と佐藤で餐出くんの社員教育を後押しするのはどうかな」

「どういうことですか」と北条が聞いた。

「つまり、君たちで哲学メソッドのプロジェクトチームを組んで、社員がより生き生きと仕事ができるように、この方法をもっと広めてもらいたいんだよ」

僕は意味がよく飲み込めなかったので、部長に根掘り葉掘り聞いてみた。部長の考えでは、こういったセミナーは受けたあとは一時的にモチベーションが高まるが、数日するとそのやる気も萎えてしまうということだった。

たしかに、僕もたまに自己啓発の本を読むと、その日はやる気が出るのだが、数日すると結局何をやっていいのかわからなくなり、心のブームが去ってしまうという経験を何度もしていた。

「つまり、なぜ長続きしないのかというと、繰り返しが足りないからだと思うんだよ。自己啓発のメソッドはすばらしいんだ。でも、続けなければならないんだよ」

「まさにそのとおり！」

麻衣子が目を輝かせて相づちをうった。

「たとえば、自己啓発の場合、システム手帳のリフィルなどを使って優先順位や緊急重要度などを分類したり、目標設定やカレンダーへの書き込みなどをおこなう。けれどもその手帳を続けられる人がどのくらいいるだろうか？って話だ」

「私は使ってますよ」と、北条は分厚いシステム手帳を取り出した。

「これで、まず長期目標と短期目標を決めておいて、それをカレンダーで分類し、さらに1日単位で振り分けています。タスク管理はTODOリストでチェックしていますよ」

北条がそんなふうにまめに手帳を活用するタイプだったとは。

僕は、スマホに予定を書き込んで、リマインダー設定をしているだけだった。予定の日の1日前に通知がされ、2時間前にもう一度、予備の通知がされるように設定している。内容は、「歯科へ行く」とか「燃えないゴミの日」とかあまり仕事と関係のないことが多かった。ましてや、目標設定を書き込むなど思いもよらなかった。

「ところで部長、さっき哲学プロジェクトうんぬんっておっしゃってましたけど、僕らの営業の仕事はどうなるんですか」

「ああ、しばらくやらないでいいよ。おまえや佐藤が働いても会社がどうなるものでもない」

「ひどいな」

北条がつぶやいた。

「いや、おまえらが犬かきをしたって全体は変えられんよ。それよりな、大きな潮《うしお》を起こして、船全体を持ち上げてくれ」

「大きな潮……。哲学プロジェクトで、ですか」と僕は言った。

「そうだ。論理的思考や方法、モティベーションのアップ法、そして、問題解決法だ。これらを社員全体に広めることによって会社全体の利益が高まるんだ」

「そんな抽象論みたいなもので高まりますかね。よけいなことを考えないでがむしゃらにみんなでがんばるほうがいいと思いますけどね」

「違うんだよ、北条。おまえはわかってない。〝物事の流れは出来事の流れ〟って知ってるか」

「ああ、よく自己啓発書に出てきますよね。**時間管理術**ですね」

「おお、けっこう知ってるじゃないか、北条。その自己啓発ってのは実は哲学と深い関係があるらしいんだ」

そして急に思い出したように、「そうだ！　自己啓発に詳しい社員がいるんだ」と言った。

「そいつもプロジェクトに入れて、餐出くんに指導してもらおう。より、ビジネス向きのアイディアが生まれるかもしれない」

部長のテンションは高かった。

麻衣子が師匠なんだから、自己啓発にくわしい人物がもう1人加わるのは混乱を招きそうな気がした。麻衣子も不愉快に感じているのではないだろうか。と思いきや……。

「それはすばらしいです！　私も哲学とビジネスを結びつけるのに苦労してますから、そういう方がいらっしゃると本当に助かります。私もまだまだ勉強中ですので」と謙虚にかまえた。

「じゃ、決まりな」

部長は満足そうだった。


なんだかますます変なことになってきたぞ。僕は隣に座っている北条をちらっと見たが、彼がこの展開をどう考えているかは、その表情からは読み取れなかった。ええい、なるようになれ！

さて、どんなヤツが加わるのか。ただでさえややこしい哲学がよけいややこしくなりませんように……。僕はそう願ったが、嫌な予感は的中することになった。

第3章▼

ランダムな選択で頭をほぐせ！

麻衣子からの宿題?

哲学プロジェクトチーム……。突然僕はおかしな仕事をまかされることになってしまった。できるだけ面倒なことには関わらないのが信条だったのに。

でも一方で、哲学というのはもしかしたらおもしろい考え方をもたらしてくれるのかもしれない、とも感じていた。

僕は会社に近いところに安めのワンルームを借りている。部屋には本やゲームソフトや書類、衣類など、あらゆる類のものが乱雑にばらまかれていた。

コンビニで買ってきた五目あんかけ焼きそばを電子レンジであたためて、冷蔵庫の牛乳をマグカップに注いだ。牛乳を飲みながら僕は麻衣子から渡された宿題に目を通した。これら一見脈絡のない哲学問題を解くことによって、ステレオタイプ的な考え方が破壊され、新たなものの見方が確立されていくらしい。

それにしても、社会人になってまで宿題をやる羽目になるとは。学生じゃあるまいし、セミナーの問題だけで十分常識が破壊されたよ。電車内の化粧が必ずしも悪くないなんて、もう混乱するに十分な説明を受けたよ。

北条も今頃これを読んでいるんだろうか。反抗心のカタマリみたいなやつが素直に宿題を受け取ったのには驚いたな。北条にも何か考えがあるんだろうか。まあ、考えてもしかたがないか。

宿題のシートは10枚ほどに束ねられていた。

僕は五目あんかけ焼きそばをすすりながら、1枚目のシートに向き合った。

選択10

金はきたないものなのか？

Aくんは言った。

金持ちは、貧乏人を見下している。すべてを金という尺度で考えるから、彼らにとっては金をもっている人間に価値があり、もっていない人間は価値がない。どんなにやさしい心の持ち主だろうが、高貴な趣味をもっていようが、それが金を生み出さないなら彼らにとっては意味がないのだ。だから、金持ちは汚れた精神に満ちている。

するとBくんは言った。

財産をもっていれば、いやいや人をだましたり、ウソを言ったりしないで生きることができる。財産が手に入れば、借金だって返すことができる。多くの人を救うことだってできる。だから財産を持っていることは正義だ。

さて、どちらの言い分が正しい？

Ⓐ 金をもっていることはきたない
Ⓑ 金をもっていることはすばらしいことだ

うーん。これはどういうことか。日本では、金の話をするのはいやらしいという風潮が強いが、アメリカなんかでは、ビジネスの成功度を測る尺度に金が使われるのがふつうっぽい。

それに、アメリカでは寄付という行為が善と考えられているそうだ。金持ちはみんなアフリカとかの恵まれない子どもにジャンジャン寄付してるって聞いたことがあるぞ。

それって、いいことなんじゃないか？　金があるっていうのは余裕があるってことだから、困った人を助けようって気にもなる……そう考えると、金を持っているのが悪いこととは一概に言えないよな。

けれども、貧乏人のほうが失うものがないし、苦行者みたいで鍛えられている感じがする。

金持ちは悪で、貧乏人は正直者というような先入観ができあがってしまっているのはなぜだろう？　なぜ人は金銭の問題に汚らしさを結びつけるのか。富んでいると妬まれ、貧困だと同情される。富裕層は、貧困層に富の再配分をすることが当然の美徳のように思われている。はたして正しいのだろうか。

次のシートは、これに関する所有権の問題だった。

選択11

自分で稼いだお金は、全部自分のもの？

イギリス系のリベラリズム（自由主義）によれば、所有権は絶対不可侵である。イギリスの経験論者ロックによると、絶対に守られるべき自然権（人間が持って生まれた権利）は「生命」「自由」「財産」である。

自分の肉体は自分の所有物である。人はこの所有物としての肉体を使って労働する。労働の結果として生産物が得られる。その生産物は自分に所有権がある。それは自分の財産なのだ。これを自由に使ってよい。

自分の体で働いて、自分の労働の成果として得られた給与は自分のもの。所有権があるのだから、人にとやかく言われる筋合いはない。

さて、友人がお金に困っているらしいが、友人を救ってやるべきか？

Ⓐ 所有権に従って、友人を救うことはしない
Ⓑ 所有権を放棄して、友人を救う

なーるほど。体が自分のものだから、働いて作った物は自分の物なんだね。よくできた理屈だ。

けれども、人がそれぞれいろんな物を作ってるわけだから、それを交換してもいいわけだよね。

どちらにしても、働かないやつは、所有権が持てないってことか。いや、そうなると社会的な弱者が淘汰されてしまうぞ?

かっこいいようで、結局は弱肉強食になっちゃうかも。

まあ、自由主義だからしょうがないのか。

さて次は……。

ランダムな選択はどんどん続きそうだ……。

選択
12

その商品、自信を持ってすすめられますか？

私には正義の心がある。しかし、会社は私の正義の心を評価してくれない。私が販売しているフライドチキンは、実は某国で生産されたものであり、抗生物質づけである。抗生物質による耐性菌が含まれている可能性があり、これを頻繁に食べると抗生物質の効かない細菌に冒されていくおそれがある。

子どもたちに食べさせたくない。でも、私は叫ばなければならない。

「はーい、揚げたてのフライドチキンはいかがですか〜。アツアツですよ〜」

Ⓐ **こんな商品は売らない**
Ⓑ **事務的に売り続ける**

なるほど。ありそうなことだ。ま、たまに食べるんならいいんじゃないか？　フライだし……

なんて哲学的じゃないな。

これは設定だから、人生にはジレンマがあるって話だよね。役に立たない商品あるいは有害な商品とわかっていながら、自分の生活のために人に売りつける。また、自分も売りつけられているんだろう。

僕だったらどうするんだろう。実際、今発売されている自社製品も絶対の自信をもって営業できるかというとそうでもない。他社の製品を自宅で使っているときもあるし。

事務的に顧客に売りつけるなら不正義ということになる。やっぱり、「こんな商品は売らない」を選ぶべきだが。

でも、結果的に自分がクビになるだけではなく会社の迷惑になるとしたら……。どんな内容でも会社に忠誠をつくすというのが正しいのかもしれないし。サムライみたいな考えだけれども。

悩むところだ……。

次行くか……。

選択13

世の中は不公平？

この世は不公平である。生まれつき金持ちの家に生まれるのと、貧乏な家に生まれるのとで、すでにスタートラインに差がある。

富裕層の子どもは、私立学校と塾にかようことで成績が上がる。一方、貧困層の子どもは公立学校の情報しか得られず、自分だけの力で勉強しなければならない。

これは不公平だから、是正しなければならない。富裕層は貧困層に収入の再配分をするべきである。もっと累進課税を強めて、国家の福祉体制を整えるべきだ。

ところで、あなたは目もくらむような大金持ちだ。都心部にプール付きの豪邸を持ち、1年の半分は海外で過ごす。家族はみな高学歴のエリート。

さて、どうする？

Ⓐ金持ちであることも実力のうちとわりきる
Ⓑ今すぐ財産を売って貧困層を助ける

おいおい、極端だな。この二択しかないのかよ。

まあ、問題は、人間は生まれつき平等ではないということだ。

貧困層の中からはいあがることに意味があるという精神論を説くのは簡単だ。しかし、実際はスタートで決まっている。それでは味気ないから、世間は努力や根性を強調して、がんばればなんとかなると叱咤する。
けれども、どうにもならないこともあるよな。
僕もこの先、パッとしそうにもないし。
宝くじでも当たらないかな。

Maiko's Memo

私たちは、自由主義の社会に生きています。ここでは「市場競争」が肯定されています。もちろん競争はフェアにおこなわれなければなりません。ということは、スタート地点のハンディキャップがあってはならないのです。

けれども、実際の世の中は、フェアどころか不公平だらけ。子どもの学歴は親の収入に比例するとされます。これは、高収入の家は、子どもを塾にかよわせるなどして私立の進学校に入学させられるからです。また、受験専門の塾に通えば、成績が上がるのはあたりまえなのです。お金を払った人が受験に成功しやすくなる……。

ですから、このような格差を是正しなければならないという考えがあります。それが**「アファーマティブ・アクション」（積極的是正策）**です。

また、受験の敗者にも、言うまでもなく生存権があります。この生存権ができるかぎり整備されなければなりません。これは「セーフティ・ネット」と呼ばれます。

さて、「アファーマティブ・アクション」と「セーフティ・ネット」を実現するには、累進課税による徴税強化、消費税による均等徴税、社会福祉政策による税の再配分という政府の介入が必要です。

ここにおいて、自由主義のなかで、二つに意見が分かれます。

リベラリズム（自由主義）と**リバタリアニズム（自由至上主義）**です。

リベラリズムの平等を目指して、税金をしっかりとると財政は安定するよね。でも景気が悪くなるという話もあるし。一方、リバタリアニズムのように自由至上だとバブリーで景気はアップしそうだけど、貧富の差も広がるし、財政も破綻するかもね。難しいところだ。

よく、「リベラル」って言葉を聞くけど、あれってリベラリズムってことか。自由って言うわりには、貧富の差を調整しようとするんだね。自由競争の中で、できるだけ貧富の差をなくしていこうとするのが、リベラリズムなんだな。**消費税問題**も大きく関係するんだ。

それに対して、リバタリアニズムは自由奔放なのか。大金持ちはこっちの立場をとりそうだな。

自由主義的チェックシート

リベラリズム（自由主義）	リバタリアニズム（自由至上主義）
所得税・消費税による徴税 累進課税・福祉政策の推進	弱者救済策は余計なお世話
徴税は公平さをすすめる	徴税は所有権の侵害
大きな政府を施行	小さな政府を施行

それにしても、僕らの住んでいる社会は競争だらけだけれども、それが当然のことで、空気みたいに受け入れられている。もっと別な社会の形はないのだろうか。

便利さを求めたがゆえに、かえって忙しさに巻き込まれているのが資本主義社会に生きる僕たちだ。

ああ、もっと自然の中でスローに生活したいよ。

食事をして、日が暮れたら寝て、朝は目覚まし時計に起こされるんじゃなくて、自然に目が覚めて、ゆっくり朝食をとって、やりたいことをやってから、昼ご飯……。

ムリか。これじゃただのニートだ。

だったら、原始時代がいいかもな。狩りをして、自然の中でのびのびと生きる……。いや、まっさきに死ぬな。僕みたいなタイプは、即、ライオンの餌食だ。

おっと、偶然にも次のシートは未開人がなんたらと書いてあるぞ。

選択14

耐えがたい経験

あなたは、ある未開人の集まりに参加している。未開人たちは、現代文明に生きる私たちに友好的だった。今日は長老の記念すべきお祝いがあるらしい。

夕飯の時間になり、集団の中央に大きな鍋が運ばれてきた。熱せられた鍋から、彼らの1人が料理をあなたによそってくれた。

しかし、長老の姿が見えない。鍋の中をのぞくと、目玉がひとつ入っている。

あなたは、ショックで卒倒しそうになる。この未開人らは、長老が70歳になると彼を殺して料理し、その肉を食べるという霊的な儀式をおこなうのだ。

食べることこそが長老への尊敬を表し、この部族全体の繁栄を祝うことになる。

未開人にとっては、これは絶対の善であり絶対の正義なのだ。

さて、人肉を食べることは悪であると考える現代人のあなたはどうする？

Ⓐ 逃げ出して、未開人を侮辱する

Ⓑ 黙って食して、未開人の顔を立てる

僕はちょうど中華あんかけ焼きそばのゆで卵の輪切りに箸をつけようと思っていたときだった。気持ちが悪くなったので、あんかけ焼きそばにラップをかけて冷蔵庫にしまった。麻衣子はなにゆえこんなグロい問題を作っているのか。

けれども、麻衣子がセミナーで「すべての物事は解釈だ」と言っていたことを思い出した。未開人にとって善でも、僕らにとっては悪。ということは、**僕らにとっては悪だけれど未開人にとっては善ということもありうる。**

これはそういった価値観の相対性を極端に表現したテーマなのだろう。

Maiko's Memo

文化人類学者のレヴィ・ストロースは、原始生活をいとなむ人々と積極的に交流し、親族や神話などの研究をおこないました。

私たちは未開民族のしきたりについて、遅れていると考えますが、それは文化的な偏見であることがわかりました。未開人の**親族交換のパターン**の中には、現代数学を先取りしたシステムもあることなどがわかったのです。

レヴィ・ストロースは、これを「野生の思考」と呼びました。未開な民族と思われていた彼らが、科学的なルールを無意識のうちに、体をはって表現していたのです。それも無意識的に。

　このように現象に内在する構造を抽出し、それを使ってさまざまな説明を促す方法を**構造主義**と呼びます。

　レヴィ・ストロースの構造主義は、今までの近代的思考だけが理性的だという先入観を批判しました。そして、「自民族中心主義」に偏った西洋の世界観・文明観に根柢的な反省をうながすこととなったのでした。

選択 15

動物にも生きる権利はあるのか？

デカルトによると動物は機械にすぎない。人間だけが精神をもっている。

この考え方によれば、ニワトリ、牛、豚は大量虐殺されて人間の食料になってもよい。

本当か？

Ⓐ 大量虐殺されて食料になってもよい
Ⓑ 動物の生きる権利を保護しなければならない

うーん……。

僕はベジタリアンじゃないけど、大量虐殺といわれるとちょっと考えちゃうよな。牛乳なら、牛は殺されているわけではないではないしな……。

でも待てよ。僕らは、コンビニやスーパーで牛乳パックをあたりまえのように買っている。牛乳のパックには、牧場でのどかに草を食《は》んでいる牛の姿が描かれている。だから、それが実際にそうだと信じがちだ。

けれども、何かのドキュメンタリーで見たことがあるのだが、その番組では牝牛は乳牛用として檻《おり》の中にずっとつながれたまま機械によって搾乳されていた。まるで囚人のような一生（？）だ。豚もニワトリも食用の場合、生まれたら死を待つだけという生き方。

僕らはコンビニやスーパーに並ぶ製品以前の形を考えることもしない。まるで、フライドチキンが生まれたままの姿で店頭に並んでいると錯覚するほどだ。

生き物の権利について考える意味の深さを感じる。

僕は、中華あんかけ焼きそばに続いて、牛乳を冷蔵庫にしまった……。

気分が沈む。

でも、次のシートは命の問題から離れるようなので、安心した。

選択
16
ウソをついてもいい？

友人があなたにプレゼントをくれた。中にはTシャツが入っていた。あなたはよろこんで封を開けたが、なんとTシャツの全面に女性アーティストの顔が大きくプリントされていた。これは、飾っておくにはいいかもしれないが着ていくところがなさそうだ。
さて、あなたは友人に何と言うか。本当のことを言うか、それともウソをつくか。
ちなみに、あなたは幼い頃から、親や先生に「ウソをついてはいけない」と強く教えられてきた。

Ⓐ これはとってもいいね
Ⓑ なんだこりゃ！

まあ、友人との関係にもよるが、これもジレンマ・モデルとして日々の選択をシンプル化したものだろう。こういうことってあるなあ。言いにくいんだよね、本当のことが。でも本当のこと

道徳的命令のチェックシート

仮言命令	定言命令
もし〜ならば…せよ	無条件に…せよ
例：もしお金をくれるなら手伝う	例：無条件に手伝う

を言わないとウソになるんだよね。ウソはよくないよね。本当のことを言ってあげないとその人が将来的に困るってこともあるし。

この道徳的命令のチェックシートによれば、「ウソをついてはいけない」という定言命令に従うことが、道徳的だということになる。でだったら、素直に「なんだこりゃ！」と言わなければいけない。でも、なんか変だな。

ウソも方便って考え方はできないのか？　こんなことまで哲学で考えるのか。

次はこれに関する類題だ。

選択
17

なんでも正直に伝えるのが正しい？

あなたは、友人と会った。そんなに親しい間柄ではない。彼はブランドのスーツで身をかため、ロレックスの時計をしている。これから合コンらしい。

そこで、あなたは大変な事実に気がついた。彼の鼻から、鼻毛が出ている！

さて、どのタイミングで教えるべきか。

それとも教える必要はないのか。

Ⓐ うまいタイミングで教えてあげる
Ⓑ 見なかったことにして教えない

これもわかるな。シャツが出てるとかだったら、すぐに教えられるんだけどね。鼻毛はいろいろ考えてしまうよ。相手が同性か異性かでも変わってくるな。すくなくとも耳毛だったら言えないな。まあ、そういう年齢設定ではないからこれは考えなくてもいいのか。

いけない、いけない。哲学の場合、問題をシンプル化、モデル化してそこだけを考えなければならないんだった。

これって、さっきの設問と違って、ウソではないんだよな。さっきの選択16では自分がプレゼントしてもらったわけだから、外側からの働きかけがある。だから、何らかの反応を強いられたわけだ。

でもこの選択の場合は、行動は強いられてないんだ。なのに、迷ってしまうんだよね。これは自発的な道徳的行為なのかもしれない。

「汝《なんじ》、無条件に相手の鼻毛を指摘せよ」という定言命令の声に従うべきなのだろうか。

ちなみに、定言命令というのは、18世紀のドイツの哲学者カントによる用語らしい。

しかし、哲学って高尚な学問だと思ってたけど、鼻毛の話にいくとはねえ……。

少し疲れてきた。

変なプロジェクトに巻き込まれているし、明日は一悶着ありそうだ。とりあえず寝るか……。

第4章▼

2500年の歴史をもつ思考術

「自己啓発書」と哲学の関係

次の日、僕は満員電車の中で、グシャグシャになった哲学シートをもう一度読んだ。

会社に到着し一息つこうと思ったら、部長に大声で呼ばれた。僕はシートの束をつかんで部長のデスクへ向かった。

北条はまだ出社していないようだった。麻衣子の姿は見えない。

「なんですか、部長」

ふと、僕は部長のデスクの隣に立っている女性社員に気づいた。分厚いメガネをかけて、髪をちょんまげのように束ねている。ポニーテールとは呼べないような乱雑さだ。

あっ！　この女性は……。あのセミナーで発言していた女子社員じゃないか！


〝これは店員のミスなので、ミスを店舗が背負うというのは正しいと思います。間違えるほうが悪いんです〟……。


僕はセミナーでのワンシーンを鮮明に思い出した。

窓から入る直射日光が分厚いメガネに反射しているので、どんなまなざしなのかは読み取れなかった。まだ、こんなメガネがあるんだ……。

今まで、その存在に気がつかないほど地味な女性社員だった。

「紹介しよう。彼女にも君たちの哲学プロジェクトチームに入ってもらう。資料室の荻生空《おぎゅうそら》さんだ」

「よろしくお願いします……」

彼女はちゃんと顔もあげずに今にも消えそうな声を発した。

哲学プロジェクトにはやっぱり変人が入ってくるのか？　僕は、このグループに組み込まれたことを後悔しはじめた。いろいろな思いが浮かんでは消え、しばしの沈黙が流れた。

「佐藤です。よろしくお願いします」

僕は儀礼的に挨拶をした。

「君たちは、すぐに第6会議室でプロジェクトを進めてくれ。北条と餐出くんもすぐに合流させる。行ってこい！」

部長は相変わらずでかい声を響かせた。

僕と空は、お互い無言のまま廊下を歩き、無言のままエレベーターに乗った。

彼女に声をかけようと思ったが、彼女は点灯している階数の表示を見上げながら、ブツブツ何か呪文のようなものを唱えている。自分の世界に入り込んでいるのは明らかだったし、そういうタイプなら、かえって気を遣う必要はないのかもしれない。

僕らは沈黙を維持したまま、第6会議室に到着した。会議室は狭い部屋で、真ん中にテーブルが設置され、黒い長イスがテーブルを挟むように2脚置かれていた。

僕が長イスの端に座ると、彼女は反対側の長イスのさらに端っこに座ったので、僕と彼女は対角線上におさまることになった。

「あのぉ……」

さすがに沈黙に耐えかねて、僕は声をかけた。

「は、は、はい！」

空は、こちらの世界に戻ってきて、僕を見つめた。相変わらずメガネが反射していて、瞳そのものはよく視認できない。

「この会社って、今、傾きかけてるんですか」と僕は聞いた。

「え？　……、は、はあ……」

「なんか、営業成績が悪いから、社員の仕事生産性がアップするようにこの哲学プロジェクトが立ち上げられたようなんですが、どうも僕は、哲学をどうやって活用したらいいのかよくわからなくて……。荻生さんはどう思いますか」

空は、ジッとこっちを見たまま（たぶん見ているのだと思う）、「成功哲学……」とぼそっとつぶやいた。

「え、なんですか？」

「成功哲学ならわかります」

「成功哲学」と僕は繰り返した。「ああ、**ナポレオン・ヒル**とかですか。内容はよく知らないんですが」

成功哲学の本はビジネスコーナーにあふれているが、僕には、無関係な世界だった。たまには自己啓発書も読むが、なにしろ「成功」という言葉が何を意味しているのかわからないし、自分が「成功」する気もない。とにかく平凡になんとかやっていければいいのだから。

それにしても、こんな地味な女子社員の口から「成功哲学」なんて言葉が出てくるのは奇妙だった。この人が成功することはありえないように思えたからだ。

ところが、空は急に流暢に話し始めた。まるで別人格のスイッチが入ったようだった。

「アメリカのナポレオン・ヒルの成功哲学の根本は**積極的思考（PMA）**です。ＰＭＡとはPositive Mental Attitude の頭文字をとったものです。これに対するのが**消極的思考（NMA）**で、ＮＭＡは Negative Mental Attitude を意味します。

ＰＭＡの持ち主にとっては、あらゆる障害は、自分をより高めるためのチャンスになります。ＰＭＡはすべての出来事を良い方向に解釈するので、彼らには失敗というものがありません。なぜなら自分が失敗と認めない限り、それは失敗ではないからです！」

空はしゃべり終えると、肩で息をした。

なんなんだこいつは。急にテンションが高くなったぞ。

僕は、彼女の豹変ぶりに一撃をくらった。

アメリカの哲学と成功哲学

「すべての物事は中立で、解釈をするのは自分です。解釈が肯定的なのか否定的なのかは、その人の態度によるんです」

空は、麻衣子がセミナーの初回に話していたのと似たことを言った。

「はあ……」

「積極的思考によれば、★●□×●□△…積極的思考が…★●□×●□△…積極的思考により…★●□×●□△…」

しかしその後、マシンガン的に飛び出す内容はまったく意味がわからず、「積極的思考」という用語しか頭に残らなかった。

「……その積極的思考というのは、プラグマティズムと関係があるんですか?」

僕はアメリカつながりで、とりあえず質問をしてみた。麻衣子の説明で、プラグマティズムがアメリカの哲学だということを知っていたからだ。

「あ、プラグマティズムですね。それは成功哲学の起源だと思います。アメリカの哲学は、フロンティア精神、ピューリタンの思想、イギリス経験論などが基礎となってますから。**ベンジャミン・フランクリン**は有名でしょ？　今では自己啓発手帳もありますけど」

またよくわからない用語が耳に入ってきたが、僕はそれについては触れないようにした。手帳は北条が持っているシステム手帳のことだということはわかったが。

「プラグマティズムの哲学とナポレオン・ヒルの哲学はどこが違うんですか？」

空が好きな話題なら気をよくして答えてくれるだろう。そんな読みで僕は質問を続けた。

「プラグマティズムは高校の教科書にも載っている哲学です。ウィリアム・ジェイムズも、デカルトとかサルトルとかと同じ哲学史上の人物です。これも教科書に載ってます。一方、ナポレオン・ヒルは、哲学者ではなくビジネス哲学を世界で最初につくりあげた人です。その方法はわかりやすく、マニュアル化されています」

「どっちが先なんですか」

「だぁーかぁーらぁー」

やばい。空の豹変度がレベルアップしてきた。彼女は座っていたが、僕の前に立ちはだかって見おろしているような構図が頭の中に浮かんできた。

「哲学者の考え方が歴史的に並べられているのが哲学史で、ナポレオン・ヒルはそういった哲学を使いながら、実践的な成功哲学を社会に広めていったんです」

「じゃあ、ふつうの哲学とナポレオン・ヒルの哲学は、関係があるんですね。ウィリアム・ジェイムズとも関係あるんですか」

僕の中で「哲学」という言葉がいろんな意味に重なり合って、同じ質問を繰り返してしまった。

「だぁーかぁーらぁー」

空のメガネの反射がより強まった。


そのとき、会議室のドアが開いた。

北条と麻衣子の姿が順番に見える。助け船だ。

「あ、麻衣子さん！」

空はイスから飛び跳ねて、麻衣子に抱きつかんばかりの喜びをみせた。

「これで哲学プロジェクトチームも最強になったわね。なにしろ、荻生空さんは、自己啓発書をほとんど読み尽くしているし、有名なセミナーには全部参加しているのよ」

「えへへへ、ただのノウハウコレクターですよ……」と空は、バレリーナのようにくるくると回った。現実では見たことのないリアクションだった。

「こんにちは。北条猛です」

北条は空にあいさつをしたが、空のテンションは急に下がって、こくりとうなずいただけだった。成功哲学について語るとき以外は人見知りなのだろう。それにしてもリアクションにギャップがありすぎる。

僕ら4人はテーブルを挟んで男子組と女子組で向き合った。

「麻衣子さん、この人、ふつうの哲学と成功哲学の区別がよくわからないみたいなんです。なんとか言ってやってくださいよぉ」

僕のことを指さすようにしながら空は麻衣子に猫なで声を出した。むかつくメガネだ。

「では、4人そろったところで、最初の選択シートについて考えてみましょう」

選択 18

時間は増やせる？

あなたは、仕事がたまりすぎて手一杯だ。まず、顧客のクレーム処理。メーラーを開けば未読メールの山。プレゼンのための資料集め。歯医者にも行かなければならない。古い友人から連絡がきて無碍《むげ》にもできない。彼女（彼氏）とのデートは断ってしまった。

どうしてこんなにも時間がないのだろうか。

さて、あなたは時間を増やすためにどうする？

Ⓐ　処理することをメモしてすぐにとりかかる
Ⓑ　時間を増やすための自己啓発書を読む

「だって、本を読む時間もないんだろ」と北条がぼやいた。

「まあ、そうだな」

僕が相づちをうつと、空がメガネを反射させながらつっこんできた。

「時間管理の本を読むことによって、時間が増えるんですから、読んだほうがいいに決まってるじゃないですか。そんなこともわからないんですか？」

なんだよ、北条に向かって言えよ。どうやら空とは相性が悪そうだ。この先が思いやられる。

「まあまあ、すぐに仕事にとりかかってがむしゃらにこなしていくのも、ひとつの選択よ」

麻衣子がなだめると、空はおとなしく黙った。

「でも、時間管理の本を読んで、本当に時間が増えるものかね」

北条がよけいなことを付け加えた。僕は、部外者になりたかったので下を向いたのだが、それがうなずいてしまったような形になった。

空はふたたび僕に向かって言った。

「あなた、本当にわかってないですね」

おいおい、北条に言えよ。

「自己啓発書も読まない社員がいるから、この会社は傾きかけているんです」

「じゃあ、どうやって時間を増やすんだよ。時間なんて物理的なものだろ。一日が25時間になるとでもいうのかい、そんなわけないだろ」

あからさまに自分のことを言われたようでカチンときた僕は、反論ついでに言う必要のないことを口に出してしまった。

「成功哲学って、なんかうさんくさいよね。そんなので成功するなら、すべての人が成功してなきゃおかしいよ」

しまった、と思ったが、遅かった。これが、空の逆鱗に触れたらしい。

メガネが怒りでブルブルと震えだした。

「あなたみたいにやる気のない生きかたをしている人間を見ると、イライラします！」

麻衣子が間に割って入った。

「まあまあ、空ちゃん、そんなに佐藤さんをいじめないで。成功といっても、その人にとっての成功だから、やっぱり役に立つのよ。**過去の哲学が、自己啓発にたくさん取り入れられているの**

よ。自己啓発書をたくさん読んで、さらにその根本にある哲学の基礎を知っておくと、その内容がよりわかりやすくなるわ。文化的背景などもあるし」

そういって、麻衣子は時間管理に関する選択シートを出した。

選択 19

時間を増やすために、まずすることは？

あなたは相変わらずやることに追われている。
TODOリストに書かれた項目はゆうに50を超えていた。
さあ、まずするべきことは？

Ⓐ 部屋の掃除をする
Ⓑ スケジュール帳をつくる

はあ？　なんで部屋の掃除？

「掃除なんかしてたんでは、よけい時間がなくなるよなー」と北条はコーヒーをすすった。

「たしかに」

相づちをうったところ、空の矛先はこちらに向かった。ふーっと大きく息を吐く音が聞こえた。

「本当に救いようがない人ね」

完全に僕は空の天敵になってしまったようだ。いや、落ち着け、大人になるんだ。僕は言いたいことをぐっとこらえた。

「時間って人間が測定するから発生するものなんです。川みたいに流れているものではないのですよ。時間は延びたり縮んだりするのです！　人間が『今』という瞬間を区切ることから時間は発生するの！」

空はまくしたてた。

ますますわからなくなってきたので、僕は沈黙モードに入って身を守ることにした。

「要するに時間ってのは、出来事のつながりだよな。それを人間が勝手に区切ってるのかもな。時間なんてもともとないのかもしれないな」

北条はさらっと言いのけた、とその瞬間、空のメガネがキラッと光った。

「北条さんはさすがですね。**時間を計る基本的な単位は出来事である。**それってあの有名なシステム手帳のメソッドですね！」

「ああ、オレが使ってる手帳ね」

北条はいつもの分厚いシステム手帳を出した。

「これがそうか。使い方はよくわからないんだが、とりあえず、出来事を『緊急、緊急でない、重要、重要でない』の4つのマトリックスにわけているよ。それで、緊急ではないけれども重要なことをコツコツとスケジュール化しているよ」

北条はシステム手帳をトロフィーのようにかかげている。

北条が分厚いシステム手帳を使っているのはついこの前知ったが、それが自己啓発と関係があったとは。さらに哲学とも……。

麻衣子が口を開いた。

「そうね。時間管理というのは私たちにとって本当に大切なことよね。もし、時間というものを川の流れのように物理的にとらえてしまったら、各人に与えられた時間は決まっていることになるわね。減ることも増えることもないわ。けれども、時間を意識の面からとらえれば、増やすことができるかもしれないのよね。なにしろ、**意識の中では簡単に時間はのびたり縮んだりするんだから**」

時間がのびたり縮んだりする？

「楽しいことは速く過ぎるし、つらいことはゆっくりと過ぎる。これも時間の不思議」

空は麻衣子を見つめた。麻衣子は言った。

「私が思うに、時間について考える前にまず、空間について考えたほうがいいと思うわ。空間における移動が時間的な制約をもたらすのよ」

「どういうことですか」

僕は話が急に難しくなってきたと感じた。

「たとえば、通勤距離が長くなれば、時間も失われることが多いわ。もちろん、通勤の最中に何か生産的なことができればよいのだけれど、居眠りをしたり、ゲームをしているようでは、単なる暇つぶしになってしまう。ほかにも、部屋が散らかっていれば、失せ物が多くなって、それを探す作業によって時間が失われる。これらは空間的な問題が時間に影響しているというわけ」

麻衣子の説明がわかりやすかったので、僕はふんふんとうなずいた。

「そうか。だから、時間を増やすには部屋を掃除すればいいわけか」

「そう。**空間をシンプルにすると時間が増えるのよ**」

「その後にスケジュールを組めばいいわけか。順番で行くと、まず自己啓発書を読む。それから、掃除をする。そしてスケジュールを決定する。あれ？　掃除をスケジュール手帳に書き込まないとダメだな。じゃ、スケジュールが先かな。いや、部屋が散らかっているとスケジュール手帳が出てこないよな。よくわからなくなってきたぞ」

「あなたはまず頭の中を掃除したほうがよさそうね」

空が吐き捨てるように言った。

麻衣子は、何も言わず新たなシートを取り出した。

自己啓発の背後にあるアメリカ文化

それは自己啓発の考え方の違いを端的にあらわしたものだった。

「自己啓発や信念の力とかは、キリスト教のプロテスタントが土台になっているのか?」

シートを見て北条が目を見開いた。

「そうよ。考えてもみて。いくら積極的思考をもったからって、成功するとは限らないでしょ。ところが、自己啓発書には、積極的思考をもてば必ず成功するって書いてあるわけ。ここが日本人が理解しにくいところなの。日本人はもともと楽観的な性格だから『ポジティブシンキング』のひと言でかたづけているけど、それは『笑う門には福来る』くらいの程度の軽い意味

「たしかに、〝ポジティブに考えよう〟って、単にいい方向に物事をとらえようって感じの話だよね。あたりまえって言えばあたりまえだ」

「そう。自己啓発書の説く、積極的思考というのはそんな甘いものじゃないの。**絶対にうまくいく**というふくみがあるのよ。なぜかと言うと、キリスト教のGODがついているから。だからスピリチュアルにつながるわけ。『引き寄せの法則』とかね」

自己啓発の考え方の違いチェックシート

宗教的ではない考え方	アメリカのプロテスタント
自分の力ですべてが決まる	成功するのは神の栄光をあらわす
神秘の力などない	神が力を与えてくれる
この世は金でしょ	他人へのサービスは隣人愛
金に対してうしろめたさもある	利益を得ることはよいことだ
働きたくない、貯蓄もできない	どんどん儲けて貯蓄と投資にまわす

「はあ、だから、積極的思考を維持するのが難しいのか。日本は多くの人が無宗教だから」

「そうよ。背後に大きな土台があって、どんな状況も乗り越えられるっていう強力な信念がないと、積極的思考は維持できないわ」

「だったら、僕には向かないな。別に神さまは信じていないから。キリスト教徒でもないし」

「でも、知っておいたほうがいいかも。特に日本人は宗教音痴だから、アメリカの資本主義と宗教が密接につながっていることに興味がない人多いの。だから、自己啓発書もわかりにくくていまいち活用しきれてないかもしれないわ」

僕らはしばらく、こういった選択の諸問題について論じ合っていたが、麻衣子が「あら、時間だわ」と立ち上がった。時計は13時50分を示していた。

「なんの時間ですか」と北条が聞いた。

「企画部の会議を見学して、哲学的に分析するのよ。部長命令なの」

「はあ」

会議の見学なんて、絶対につまらないぞ。会議そのものがつまらないのに。

僕は心の中で叫んだが、麻衣子におとなしくしたがうことにした。僕らは企画会議がおこなわれるフロアへと向かった。

新しい発想はなぜ受け入れられないのか？

麻衣子によると、僕らの哲学チームは、他部署へ出向して調査をおこない、アドバイスをするという仕事を与えられたそうだ。なんだかよくわからない役回りだ。

まず、僕ら４人は企画部の会議を見学させてもらうことになった。

会議室は学校の教室くらいの広さで、20人くらいの社員が参加していた。彼らは円形に布陣していた。互いがにらみ合っているようだった。

こんな雰囲気のなか会議をするなんて、緊張のあまりいいアイディアなど出ないんじゃないだろうか。

「では、新企画ならびに従来製品の改良点についての会議をおこないます」

40代半ばの、白髪交じりの頭を後ろへ綺麗になでつけた男性が発言した。その隣には、初老の男性が座っている。彼がこの部署のリーダー、もしくはトップらしい。名前は知らない。僕はもともと他の部署のことにあまり興味がなかった。いや、人自体に興味がないのかも……。

「新企画の発表をお願いします。Mくん」

「はい」

30代半ばくらいの、スーツをびしっと決めた男が資料を手に立ち上がり、会議室に設置されている50インチくらいのディスプレイに映像を映し出した。

「今回の企画、新製品はこれです」

画面には人間の手が映った。他には特に何もない。

「なんだこれは」初老の男が腕組みしたままたずねた。

「はい、新型タッチパネル式デバイスを超えた、指サイン式デバイスです」

僕は次の説明を期待して待った。隣には麻衣子と北条が座っている。空は必死にメモをとっていた。

ディスプレイでは、人間の手の横に浮かび上がるようにカード型のマシンが映し出された。クレジットカードよりちょっと厚めで、表面は黒のプラスチックでコーティングされている。

「これは、人間の指の組み合わせをマシンが見分けて反応するという装置です。たとえば、親指と人差し指を組み合わせると、マウスのクリックと同じ効果が得られます。パソコンの前で指を軽く動かすだけで、オペレーションのほとんどがおこなえる、というわけです。画面を閉じるのであれば人差し指と中指、また、特定のソフトと結びつけることもできます。親指と薬指を2回クリックでワープロソフトが立ち上がるなど、もはや画面をタッチする必要さえないのです」

会議室の面々が、「おおー」とか「へー」とか「えー？」などの声を上げて、感嘆したり当惑したりしていた。プレゼンをしている本人は会議室に広がる反応を眺め、満足そうな顔をしている。

「デバイスによって使い分ければ、スマホでさえタッチする必要がありません」

円卓に座った1人が発言した。

「もし、パソコンの前で、無意識のうちに指を組んでしまったら、間違った反応をするのではないでしょうか」

「たとえばどんな場合ですか」

「そうですね……、たとえば……。そう、子ギツネコンコンを歌いながら指をキツネの形にしてしまったら、あやまった反応をするのではないでしょうか」

「パソコンの前で、子ギツネコンコンを歌うというのは一体どういう場合だね」

初老の男性が険しい顔で発言者をにらんだ。

「いいえ、子ギツネコンコンに限らず、ゲンコツ山のタヌキさんでもかまいません」

「だから、その状況はあるのか」

なんて不毛なことを話し合ってるんだ？　でも会議ってこういうことがよくあるんだよね……。

プレゼンの社員がやりとりをさえぎった。

「わかります。指の組み方によって自分の思ってもみない反応をするのではないか、ということですよね。それは、パソコンのマウス、タッチパネルなどと同じ程度の反応です。タッチパネルでも間違った場所を押してしまうことがありますよね。その程度です」

すると、別の社員が言った。

「マウスやタッチパネルでミスをするからこのデバイスでもミスが出ていいというのは、ハードルの低い考え方ではないですか」

ああ、もう論点がずれてきたよ。僕は歯がゆくなった。そういう精度の話は後でしょう。

「これは技術的に可能なのか」

「はい、デモをしてみましょう」

プレゼンの男は、机の下にあったカバンから、そのデバイスを取り出した。

僕はそれを見て驚いた。想像したよりも小さく薄かったからだ。彼はそれを手のひらに乗せて見せた。再び驚嘆と当惑の声が室内に響き渡った。

「これはまだ試作品ですが」と言いながら、彼はその小型デバイスを机の上に置いた。「バッテリー駆動、かつワイヤレスです」

画面のデバイス認識にサインが現れた。驚いたことに、彼がほとんど動作をしている気配がないのに、そばに置いてあるパソコン画面でメールソフトやワープロソフトが立ち上がったり閉じたりした。さらにキーボードがないのに、彼がパントマイムのように空間をたたくと画面に文字が映し出された。

「Hello world」

すごい。これはすごいぞ。

「大げさに指を動かさなくても、その電気的な反応をすべて装置が認識するのです。これこそ究極の装置です。タブレットやスマホのキーボードも不要になります」

たしかに。これを超えるのは、アメリカで開発中と言われる、思考を読み取る装置しかないいんじゃないんだろうか。しかし、それはかなり開発が難航しているらしい。思ったことが画面にあらわれるなんて複雑すぎるもんな。

でも、この装置なら、指の動きの認識だからすべてクリアーだ。

僕は、この企画は採用されると思った。

ところが、初老のオッサンのひと言で場の空気が一変した。

「これは却下だな」

え？

プレゼンの社員の顔から血の気がひいた。

「指の反応でマシンが動くのはわかるが、それを傍目から見た姿まで考慮されていない。電車の中で、指を動かして、OKみたいな指の形を頻繁につくっていたら不審者だよ」

プレゼンの社員は、あわてた。

「い、い、今、デモでお見せしましたように、かすかに指を動かせば大丈夫なんです。さ、最初はわかりやすく大げさにOKの形などを示しただけです」

「でも、空間にあたかもキーボードがあるかのように指を動かしていただろう。こっけいだよ」

「そ、それは、人前でやる、やらないは個人が判断すればいいことで……」

「人前で自然にできなければ意味がない」

「おことばですが、スマホだって、最初は奇妙でしたよ。画面をタッチしてスライドさせている姿は。いえ、携帯だって最初は奇異の目でみられたのです。それどころか、数十年前は、ソニーのウォークマンの第1号機にだって批判の声があがったのです。電車の中でヘッドホンをするとは何事だと反発されたんです」

「こんなマシンは、前例がない」

出たよ！　クソ頑固じじいの定番が。ザ・前例がない。

「前例がないからこそやるべきではないでしょうか」

「新型ハードはリスクが高すぎる」

出たよ！　リスクという言葉をつかって、保守的な立場を維持するのに懸命だ。

「そこをなんとか、みなさんの意見も交えまして……」

プレゼンの社員が会議室を見回すと、みんな下を向いて書類とにらめっこしている。さっきまで「おおー」とかいっていたやつも無言だ。助け舟を出そうとする者はひとりもいない。

そうか。トップの鶴の一声でみんな黙ってしまうわけか。反論してにらまれると出世に響くからな。こうやってクリエイティブな思考は踏みつぶされていくわけか。

司会進行役の男が、「では、Mくんありがとう。次の議題に進みます」と何事もなかったように対応した。

プレゼンの社員は寂しそうに装置をカバンにしまった。この人も過去の経験から、何を言っても無駄だとわかっているのだろう。

「さて、次は現在発売中の文字読み取りソフトですが、これのサポート体制についてです」

トップが「それは大事なことだな」とつぶやいた。

社員たちは顔を上げて、「そうだそうだ」と相づちを打っている。これは会議というより、独裁者の裁判かもしれない。

この後、僕らは何時間も続くどうでもいいような話を延々と聞かされたあと、ようやく解放された。

第5章▼

現代思想で物事の裏を読め！

〝仕事のあるある〟を読み解く方法

僕らは無言で廊下を歩いた。生産的とはいえない会議を目のあたりにして、今日一日分のエネルギーを丸ごと奪い取られてしまったような気がしていた。別に、あの初老のリーダーだけが悪いというわけではないだろう。そして、今日たまたま出席したあの会議だけが特別ひどかったというわけでもないのだろう。いつだって一部は全体の縮図なのだ。

「なんだかおなかがすいたわね。外でごはんでも食べる？」と麻衣子が提案した。

気づけば定時を過ぎていた。僕らは各自帰り支度をして会社を出た。

会社の目の前の大きな通りを渡ってすぐのところにファミリーレストランがある。通称「第2食堂」とも呼ばれ、社内の人が行きつけにしている場所だった。僕は店内を見回したが、知った顔はいなかった。

僕らはパスタとピザをセットで注文した。

「しかし、さっきのはひどかったな」

北条は水を飲んだ。

「社内の会議って多かれ少なかれ、あんな感じなんだよ」

僕はあきらめ気分で言った。

「本当ですよ。自己啓発書を読んでいない人たちばかりだと思いました。自己啓発の鉄則として、まずブレインストーミングでは、どんなにバカげた案でも思いっきり発言し、それを否定しないということが大事なんです。それにリスクという言葉をつかって、安心領域から動けないことが最大のリスクなんです！」

空がメガネをギラギラさせた。

「でも、あのデバイスを開発することになったら、経営的に採算があわないこともあるでしょうから、決定は簡単にはいかないわよね」

麻衣子がめずらしく、保守的な発言をした。

「このシートはどうかしら。あの会議に出席していた人たちも、こんなことで悩んでいるかも？」

選択
20

チャンスがふってきたらどうする？

あなたは、ある新規プロジェクトの責任をまかされる話をもちかけられた。成功すれば出世の道が、けれども、もし失敗したら降格だ。引き受けないで、今まで通りの生活をつづけるべきか、それともチャレンジするか？

Ⓐ **引き受けない**
Ⓑ **チャレンジする**

「オレは引き受けるね。なんでもチャレンジすることが正しいとは限らないけど、やらないで後悔するよりは、やって後悔したほうがいい」

北条はふんぞり返った。

僕は、シートを見つめたまま、迷っていた。さっきの会議では不毛っぷりにあきれ返ったが、もし自分があの場にいても、トップにさからってまで異議を唱える勇気はない。

「僕は……引き受けないかな。今まで通り生活できればそれでいいよ」

空が一瞬ものすごい目で僕をにらんだ。僕は気づかなかったふりをした。

「でも、リスク管理をしっかりしないと、なんでもやみくもに突進してはだめよね」

麻衣子は新たなシートを取り出した。

流動性チェックシート

固定的（保守的）な態度	流動的な態度
前例がないからだめだ	あえてやってみる
昔から決まっているから動けない	新しいことにチャレンジする
示しがつかないからできない	しがらみを気にしない
リスクが高いからやめる	あえてリスクを冒す

「あー、これはよくあるな。だいたい自分の身が安全な人間は、保守的な態度をとるよな。定年も近いし、波風立てたくないみたいな」

北条は軽蔑の表情を浮かべた。

「若者は、まだ先があるから変えていきたいのにね。それに現場と密に接している若者は、このままじゃだめだっていう嗅覚をもっているんだよね。でも、上が理解してくれない。上に報告すればにらまれるし、若造が何言ってるんだ、みたいに押さえつけられちゃう！」と空が憤った。

「たしかに、新しい形を示したら、その結果を背負うのも自分だからな。大改革みたいになって、収拾がつかなくなったら責任をとらなければならないし、そう考えると保守的になるやつも多いだろうよ」

ま、オレはちがうけどな、と北条はつけ加えた。

「北条さんは、きっと上司に向かって発言するんですね。はっきりと」

空が目を輝かせて言った。

コミュニケーション・チェックシート

日本人にありがちな考え方	現代哲学の考え方
言葉はいらないし、黙っていても気持ちは通じる。	言葉が世界を写している。思考は言葉であるから言葉なしには何も考えられない。
同じ日本人同士なんだから、わかり合える。なにしろ、言葉より心が大事なんだから。	自分の考えをしっかり伝えて、コミュニケショーンをとることが大切だ。

「ま、まあな」

麻衣子は何も言わずにさらにシートを提示した。

「あー、これもあるね。黙っていれば伝わるっていう日本人的な考え方。それで、うまく伝達できなくて誤解されるんだよね」

僕はそう言いながら、自分も伝えるのがヘタなことに気づいた。

「現代において、言葉についての哲学が進歩したの。**言語論的転回**っていうんだけどね。20世紀の哲学の主な動きを示すの。言葉というものの重要性が指摘されたのよ」

「日本人って議論がヘタだとか、言葉づかいがいいかげんみたいに言われることもあるな。文化的な伝統の中に、黙っていても気持ちが伝わるってのがあるからか。『空気読め』とか日本人的なのかもな」

そういう北条本人は空気を読むようなタイプではなかった。だから変わり者扱いをされていたし、ときにトラブルメーカーととらえられることもあった。

「言葉で説明して、状況を改善するという欧米系の思考からすると、『空気読め』は独特な考え方かもね」

彼女は、ちょっと考えてから、別のシートを取り出した。

「みなさんにもなじみのある問題を読み解いてみましょうか」

選択
21

何のために働いてるの?

ある日、あなたの枕元に神様があらわれてこう言った。

「一生遊んで暮らせる金がもらえるのと、一生働いて収入を得るのとどっちがいいか選びなさい」

一生遊んで暮らせる金を選んだら、働いてはいけない。

一生働いて収入を得る場合は、働き続けなくてはならない。

さてどうする?

Ⓐ 一生遊んで暮らせる金をもらう
Ⓑ 一生働いて金をもらう

これはまたずいぶん究極的な選択だな。でも誰もが一度は考えるだろう。

まあ、実際はこんな選択をつきつけられる状況、ないんだけどね。残念ながら。

「うーん。そりゃあ誰だって一生遊んで暮らせるお金をもらうんじゃないの」

僕は空を気にしながら言った。めずらしく、空の突っ込みはなかった。追加したアンチョビピザに夢中だったからだ。

「そう思うでしょ？　ところが、**一生遊んで暮らすってことは、何の自己実現性もないわけ**」

「うへ。そういう意味か。だったら一生遊んで暮らすというのは難しいかもしれないな。人は、必ず自分を磨いたり、新しいことにチャレンジしたりして生きていく存在だからな」

北条が鼻をふくらませた。

「だったら、スポーツやら習い事なんかをすればいいんじゃないの？　お金はありあまっているんだから」と僕。

「そうなると、おそらく仕事をしないで趣味にふけっている隠居した人ととらえられるだろうな。でもこの条件によると、いくら芸事を極めても、それを営業的な形で表現してはならないわけだから、内輪の発表会で終わるだろうな」

北条は口をへの字に結んだ。

高級車を買って、ひとりで旅行したり、うまいものを食べて、一生を終える。

「なんか変だな……」

僕が腕組みしてつぶやくと、ピザをほおばっていた空が突然発言した。

「あなた、やっぱりわかってないわね！　人間の生きる意味は自己実現・自己啓発なのよ！　だから、仕事をしないと生きていけないのよ！　仕事しないと死んじゃうんだから！」

「ええ？　そうなのかい？　仕事が生きる目的なのか？」

僕は空の勢いに面食らった。

「あったりまえでしょ。人間は自分の内側にあるものを外側に表現するという自己実現をせざるをえないわけ。子どもだって、工作したり、絵を描いたりするじゃない。あれって内側を外化する衝動なのよ。それが人間なの」

「空ちゃんの言っていることは**弁証法**ね。自己実現は自分の内面にあることをもう一度見つめ直すわけね。それには、外側に出さなければならない。それが労働という行為ね。だから、この考え方だと、**働くことは、人間にとっての本質的なありかた**ということになるわ」

「そうよ。だから、歴史上の哲学者の思想を応用した成功哲学の自己啓発書を読むことで、仕事のスキルアップをはかるべきなのよ」

働く理由チェックシート

働きたくない人	働きたい人
賃金をもらうために労働する。	自己実現のために働く。
賃金が下がるとやる気が失せる。	賃金が下がっても、働けるのだから生き生きしている。
金のことしか考えていないから、働くことはとても苦痛だ。	働くことだけ考えて、金のことは気にしない。
できるだけさぼりたい。	働くことが楽しいし趣味だ。
毎日たのしいことだけやりたい。	苦しいことも受け入れたい。
できるだけ楽してもうけたい。他人のために働くなんてまっぴら。	仕事は他人にサービスを与えること。

空の考えはいつも極端だった。でも、こんなに自己啓発オタクのくせに、空はいわゆる成功モデルとはほど遠いところにいるじゃないか。それを言ったらまた逆鱗にふれるだろう。

「このシートはどうかしら」

なんと。僕は完全に「働きたくない人」の部類だ。これがふつうでしょ。

「オレは働くことが楽しいよ。だから、働いているだけで感謝しているね。オレを鍛え上げてくれて、その上お金もくれるなんて。こっちが払いたいくらいだよ。会社そのものが学習塾みたいなものさ」

よけいなことを言うなよ、と僕は心の中で北条に文句を言った。

「けど……、働くことが楽しくないってほうがふつうだよ。どう考えたって」

「それはあなたの仕事があなたに合ってないからです。人生の選択ミスですね」

空の言葉が矢のように刺さった。

「だって、これしかなかったんだよ」

「言い訳はやめてください。見苦しいと思わないんですか？　**人間は自由に未来を選択できるんだから、すべての責任は自分にあるんです。**未来を選択するのは、自分自身であって、人は自らを定義する存在なのよ！」

「フランスの哲学者**サルトル**の考えね」

麻衣子は僕らのやりとりを楽しんでいるようだった。

「そうはいっても、この仕事を選ばなければならない周りの環境があったわけだし、自分が自分をつくるっていったって、やっぱり周りの環境に影響されているわけだし」

「うわ！　自分の失敗を周りのせいにするネガティブな考え方は最悪です！　今ある自分は、原因と結果の法則で存在しているのに。すべて自分のせいなのよ」

「でも……」

「まだ言い訳するんですか？　いいからとっととやったらどうですか？」

「なにを？」

「つべこべ言わずに行動するの！　言い訳は自分を守ろうとしている防衛反応なんだから！」

空は攻撃の手をゆるめなかった。

自分を守る深層心理

「防衛反応と言えば、これが関係あるわね」

麻衣子は、次の選択シートをテーブルの上に差し出した。

「あー、これ、学校で習ったなぁ」と北条が言った。

「これって、**フロイト**の理論だったんだ」

僕は、フロイトが精神分析の医者だったという程度の知識しかもっていなかった。

「フロイトの精神分析理論を後の学者がまとめて、このように分類したのよ。**防衛機制**は心のガス抜きみたいな働きをするんだけど、あまりに使いすぎると自我が弱くなってしまって、がんばりがきかなくなるときがあるの。たとえば、この選択を見て」

防衛機制チェックシート

抑圧	意識して不安や不快、苦痛などを感じる欲求や感情、記憶などを無意識に封じ込める。 例・物忘れなど
合理化	真の動機を隠して行動を正当化する。 例・酸っぱいブドウの話
同一化 （同一視）	他者の性質や役割などを自分の中に取り入れる。 例・同じ服装や行動をする。「ごっこ遊び」をする。
投射 （投影）	自分の欲求や感情を自分以外の他者がもっていると思い込む。 例・自分がある人物を憎んでいるのに、そのある人物が自分を憎んでいると思い込む。
退行	欲求が満たされない場合に、幼稚な行動をとり、発達の初期の段階に逆戻りする。 例・弟妹などが生まれて母親の保護を十分に受け入れられなくなった子どもが、指しゃぶりや夜尿などをする。
補償 （代償）	劣等感を何かの形で克服しようとする。 例・周囲に認められない者が非行にはしる。
昇華	満たされない欲求を社会的に価値の高いものへと置きかえる。 例・好きな人にふられたショックをスポーツにぶつける。
反動形成	意識してはよくないとされる欲求や感情をまったく反対のものとして意識する。 例・愛している相手に対して憎いという感情をもつ。

選択
22

ほしいけど買えない！

ショーウィンドウにカッコイイ外国車が展示されていた。

ほしいけれども高くて手が出ない。

どうする？

Ⓐ 時間がかかってもがんばって働いて、買う
Ⓑ 外車なんてカッコつけなので、いらない

「オレはがんばって働くね。まあ、外車にこだわるわけではないが」と北条。

「そう、それが理想。ところが、もしこう思ってしまったら？ **車は走ればいい。あんなふうにカッコつける必要はない。**これが『**合理化**』よ。

イソップ童話にこんなお話があるでしょ。おいしそうなブドウが木になっていました。でもとても高いところにあるので手が届きそうにない。それを見たキツネはほしい気持ちを抑えるために、自分にこう言い聞かせました。

『あのブドウはきっと酸っぱい。だから、手に入らなくていいんだ』

こうなると、やる気がなくなっちゃうわよね」

「そうか。現実をありのままに受け入れる必要があるわけか」

「現実を見つめなきゃダメなんだね」

「あなたは、あれは酸っぱいブドウだって自分に言い聞かせるタイプね！」

空が僕をこき下ろした。僕は何も反応しないようにつとめた。

北条が表を見ながら言った。

「ああ、そうそう、この**反動形成**っていうのは、小学生のときによくあったな。男の子が好きな女の子にいじわるするとかな。あれって、好きっていう感情をおさえつけるために、反対のエネルギーを自分の内側にぶつけているんだぜ」

すると、麻衣子がとんでもないことを口にした。

「空ちゃんが佐藤さんをいじめるのも反動形成？」

「ち、違うわ！」

Maiko's Memo

フロイトは、人格（パーソナリティー）が**「エス」(id)**、**「自我」(ego)**、**「超自我」(super ego)**の3つの領域からなると考えました。「エス」は、無意識の領域であり、これは個人の本能的エネルギーの貯蔵所とされます。

この領域は快楽原則に従います。つまり、快を求め不快を避けるわけです。

一方、「自我」は、快楽原則に従うエスを現実原則に従って押さえようとします。食べたいけど（エス）、ダイエットしよう（自我）という感じ。「自我」は社会に適応させようと働くのです。

「超自我」は「良心」のこと。これは親のしつけによって「自我」の中に形成される特別な領域で、親の一部が頭の中に組み込まれているようなもの。あれをしちゃいけない、これをしちゃいけないという命令が「超自我」なんです。「エス」に従っていたら動物と同じだし、かといって「超自我」に従ってばかりいたらガチガチの人間になってしまいます。「自我」はこれをうまい具合に調整するのです。

防衛機制は、心を守ろうとする働きなので、無意識的に機能するのですが、あんまり使いすぎると自分が弱くなってしまうんです。この防衛機制チェックシートで自分の心理的な反応をいつもチェックするといいでしょう。

説教の裏にある心理的裏読みチェックシート

道徳的説教	➡ニーチェ的裏読み
電車の中では静かにしろ	➡オレがうるさく感じるんだよ
授業中は先生の話を聞け	➡オレの話を聞けー！
仕事なんだからしっかりやれ	➡オレの利益になるようにしっかりやれ！
借りた物は返すべきだ	➡もしオレが貸していたら返してね
正直に生きろ	➡オレにウソを言わないでね
自由を尊重せよ	➡オレが自由になりたいからね
ルールを守れ	➡守ってもらわないとオレが困るんだ

「ところで、この心理学的アプローチは**ニーチェ**の哲学とも関係あるわよ。正論を説いているつもりでも、実は自己主張のかたまり。**欲求を正当化するための建前論**《たてまえ》をおしつけているわけ。自分がそういう説教くさい人になっていないかどうかをチェックするのはこのシートね」

北条は不満顔だ。

「なんだよ。全部オレオレじゃないか」

「まあ、人間というのはそういう意志（欲望的なもの）をもっていて、それを道徳的に理論武装しているというのが、ニーチェのうがった考え方よ」

「人間不信になりそうな考え方だな」

Maiko's Memo

ニーチェによると、人間はそれを信じることによって、力を持つことができるような考え方を選んでしまうのです。

強者は「弱肉強食だ」という考えを好み、弱者は「みんな平等だ」という考えを選ぶというのです。つまり、真実は決まってはいないのですが、それぞれの人間が自分の都合の良い思想を解釈するというのです。結局、人間は「自分が力を持てる思想」を選び、それを真実だと主張する。となると、「真実」はどこにも存在しないことになります。これをニーチェは「ニヒリズム」と呼びました。

選択
23

会社を恨むか、見返すか？

あなたは、勤続10年のベテラン営業マン。けれども最近は、営業成績が伸び悩んでいる。

一方、超イケメンの新人社員が、チャラチャラしながら営業成績トップ。ふざけるな！

あなたは、心の中で叫んだ。

オレみたいにまじめに働いている人間が、あんないい加減なヤツに負けるとは……。

Ⓐ **これは世の中が間違っている。会社のシステムがおかしい。お客もわかっていないと文句を言う**

Ⓑ **時代は変わってきているのか。現実を受け入れて、自分の営業成績が伸びるような工夫をしようと決意する**

「あるある。自分が負けると、言い訳がましく環境のせいにするやつ……」

僕はそう言いながら、あ、これも僕のことだ、と気づいた。

「ニーチェによるとそれは、**自分が負けているっていう現実を受け入れたくないから、世の中を逆恨みしている状態**なの。これを**ルサンチマン（怨恨感情）**というのよ」

「それは変だな。実際に会社のやり方が悪いってこともあるだろう。あの会議みたいにな」

北条は反論した。

「まあ、客観的な思考法からするとそうなるわね。でも、ここではニーチェ流に考えてね。ニヒリズムなんだから、会社がいいも悪いもないの。確実なのは不平不満を言っている自分がいる。そして、**自分は弱者であるために文句を言っている。**ここはたしかでしょ」

「心理的裏読みの方向から考えるのか……」

「そう。現実の世界を逆恨みしても、何の進歩もないわけよ。『この会社が悪い！』って叫んで、何かが変わるならいいのだけれど」

「うっぷん晴らしで終わってしまうというわけか」

北条は天井を見つめた。

「ニーチェによると、『ホントウは自分は能力があるのに認められない』と不満を言えば言うほど、人間の力強い生が失われてしまうと考えたの。今、自分が生きている環境がニセ物で、本物は別の世界にあるとすれば、**やる気がなくなってしまう**でしょ」

「たしかに、ホントウの自分がどこかにいるわけじゃないもんね。ありのままの自分を認めたくないだけなんだよね」

怨恨感情チェックシート

怨恨感情	受け入れの感情
自分の実力は認められていない	今の状況が自分の実力の表れだ
本当はもっとうまくできるのに	うまくできないのは自分が悪い
あのときあんな出来事がなかったら	どんな出来事も受け入れる

「そう。だから、うまくいかないことがあったら、まず現実を受け入れる。『ホントウの自分は……』というねじ曲がった考えを捨てて、『現実ではダメな状況にある、でもこれを乗り越えるぞ』とポジティブに考え直すわけ。ねじ曲がった怨恨感情を見つめなおすのがこのシートよ」

ニヒリズムとルサンチマンか。僕の胸に何かがチクチク刺さった。なんだか、僕の生き方って、ニーチェが指摘しているだめな考え方そのものなんじゃないか？

Maiko's Memo

現実の人生を肯定せずに、現実を超越した世界を求めることは、自分の弱さを暴露したことに他なりません。

たとえば、自分がある会社の営業マンだったとします。会社からノルマが課せられていますが、それをなかなかこなすことができない。ほかの社員は自分をどんどん追い抜いていく。

そこで、「なにをこれしき！　がんばってノルマを達成するぞ！」と思えば積極的なあり方ですが、「自分が悪いんじゃない、この上司が悪いんだ」とか「会社が悪いんだ」、あるいは「家族のせいだ」、さらには「この資本主義社会が悪いのだ」と言い出したら、もうそれは現実を逆恨みしていることになります。

ニーチェは、現実の世界を逆恨み（ルサンチマン）することで、人間の力強い生が失われてしまうと考えました。

今、自分が生きている環境がニセ物で、本物は別の世界にあるとすれば、やる気がなくなってしまうのです。

現実の自分を見つめて、それを積極的に受け入れるあり方を、ニーチェは**「運命愛」**と呼びました。まさに、究極のポジティブシンキングなのです。

そのとき、ファミレスの入り口の自動ドアが開き、サラリーマンがひとり入ってきた。

「1名様、喫煙席ご案内いたします」

店内に店員の声が響く。

僕は見るともなしに、そちらを見た。

あれっ？

僕たちから少し離れた席にひとりで腰をおろしたのは、さっき、あの不毛な会議で新商品をプレゼンした男性社員だった。男性はメニューを片手に、もう一方の手でネクタイを緩めた。先ほどの会議で見せたパリッとしたイメージとはちがって、ひどくすさんだ印象だった。

まさか彼が入ってくるとは。さすが、このファミレスが第2食堂と呼ばれるゆえんだな。

みんなは彼に気づいてないようだった。

僕は頭の中で麻衣子ばりに「A　プレゼンの彼が店内にいることを3人に教える／B　教えない」という二択に頭を悩ませていた。

でも、教えてどうするっていうんだ？　お疲れさまとでも声をかけるのか？　さっきのプレゼンのことは気にするなとでもなぐさめるのか？

どうせ、僕には何もできない。それに、彼とはもともと同僚でも知り合いでもないんだ。

僕は彼のことは忘れようと思った。

でも、デバイスのサンプルをさびしそうにカバンにしまう彼の姿がよみがえった。

あんなやる気のある人間の意見が踏みにじられるなんて、なんて会社だ！

僕はひとり悶々とした。テーブルで続けられている麻衣子たちの会話はまったく耳に入ってこなかった。

第6章▼
常識を突き破ってクリエイティブに生きる！

「あれかこれか」で生産性を高める

　このところ僕は出社するとまっすぐに哲学プロジェクトルームとして使っている第6会議室に向かうようになっていた。

　翌日。会議室のドアを開けると、室内には北条と空のほかに、思いがけない人物がいた。

　新井部長だった。

「部長……おはようございます」

　部長は窓の外を眺めていた。彼は振り返ると僕の姿をちらりとだけ見て「ああ、おはよう」と言うと、また窓の外に視線を戻した。表情は逆光のせいでよく見えなかった。

「どうかされたんですか？」

　僕は不安の中で部長に聞いた。そして、北条と空に疑問符のついた視線を投げかけた。部長は何も答えない。

　そのとき、ドアが開いて麻衣子が入ってきた。

　麻衣子は、いつもと変わらず全身をビシッとスーツで決めていた。しかし、何か違う空気を感じ取ったのか、部長に気づくと少しだけ表情をかたくした。

「……おはようございます、新井部長」

「いや、じゃまをして申し訳ない。ちょっと大事な話があってね」

部長はそう言うと長イスに腰をおろした。僕らも座った。

「会社の今月の売り上げがまたダウンしているんだ。新製品もいっこうに決まらなくてな」

まあ、あの会議じゃ決まらないだろう。

「で、餐出くんの哲学セミナーが、いまいち効果がないという声があがってきているんだよ。非常に言いにくいんだが」

「……たった1カ月で効果が出るわけないじゃないですか！」

北条は声を荒げた。

「これから自己啓発すれば、なんとかなりますよ」

空も反発した。

「いやあ、上のほうがせかしてきてね。オレもはさまれちゃってるんだ」

「それは時期尚早ではないですか。私も最近、思考法が少し柔軟になってきまして、哲学の効果を少しずつ感じているんですよ。特に、一見無関係なことが『思考法』という考え方で根底がつながっていることを知りました」

北条が麻衣子を弁護した。

「君たちの気持ちはわかる。私だって同じ気持ちだ。なんせ、このプロジェクトを企画したのはこの私だからな。いやいや困ったよ」

麻衣子は表情を変えずに落ち着いて彼の話に耳を傾けていた。そして口を開いた。

「デンマークの哲学者、**キルケゴール**は、『**あれかこれか**』という著作を残しています。人生はあれかこれかの選択です」

「……あれかこれか？　なんだね、それは」

部長は目を白黒させた。

麻衣子は1枚のシートをカバンから取り出すと、部長の前に差し出した。


僕らも同じシートを3人でのぞきこんだ。

「あれかこれか」というのは、「**享楽的**」か「**倫理的**」かを示す言葉のことのようだった。ずいぶんふざけたネーミングだな。

「業績が下がっているというのは、前の月の売上ではないのですか。来月、再来月と業績はどんどん上がっていきますから、ご安心ください」

麻衣子は自信満々だった。

「ぜひ、哲学による自己啓発を社員全体にたたき込んでください。うまくいきますから」

部長はシートを見つめてつぶやいた。

「たしかにこれらを社員全体が実践したら、よくなるかもしれないな……。問題は本当に社員が実行するかどうかだが。あれか……これか……」

あれかこれかチェックシート

あれか（享楽的）	これか（倫理的）
飲み屋に通う	自宅にまっすぐ帰る
タバコを１日に数箱吸う	吸わない
食べ放題、飲み放題	ダイエット
だらだらとテレビを見る	情報収集する
寝てばかりいる	睡眠をコントロールする
運動しない	適度な運動をする
ゲーム三昧	１日のゲームをする時間を決める

僕はこのシートを見て、酒とタバコには興味がないけれど、確実に「あれか」のほうを選ぶと思った。「これか」を選んだら、人生何も楽しみがない。

でも、すくなくとも「あれか」だけで生きていたら、最終的には身を費やしてしまい、結局「あれか」生活はできなくなる。あきらかに仕事の能率は落ちそうだし、健康を害したりもしそうだ。やっぱり、つねに「これか」生活でブレーキをかけないといけないのかもしれない。

麻衣子はさらに、仕事に特化した内容の「あれかこれか」シートを取り出した。

「人間は、自分を喪失したり、高慢になったり、自暴自棄になったりしますよね。でもそこから人は再出発できるんです」

「まあ、社員がそんな気持ちになればいいんだ

仕事のあれかこれかチェックシート

あれか（目先のこと）	これか（長期的なこと）
メールを全部チェックする	重要なメールをチェックする
今日の出来事をこなす	来月・来年につながることを考える
目の前の欲求をすぐ解消する	欲求をあとまわしにしてご褒美にする
若さがずっと続くと思う	自分も歳を取ることを自覚して計画する
いやなことを後回しにする	いやなことを率先してやる
衝動的にお金を使う	考えてお金を使う
流行にながされる	乗るべき流行かどうかを考える
情報をうのみにする	大局的に情報をとらえる

が」

「挫折をしたら、自分を引き上げるチャンスととらえればいいんです。だから、人生はいつも『あれかこれか』です。だらけた気持ちに流されても、やりなおせばいいんです。哲学ってそんな力があると思いませんか？」

「うーん」

部長は腕を組んでうなっている。麻衣子はたたみかけた。

「人生の岐路は必ずしも二者択一とは限りません。でもそんな中でも、悩み苦しみ成長する。そんな社員を育てませんか？」

「……餐出くんがそこまで言うなら、上に掛け合ってみるよ。だが、今日から2カ月が猶予だぞ。それ以上は待てない。このまま結果が出ないようだったら、セミナーは打ち切りにさせてもらうよ、申し訳ないが」

「ありがとうございます。必ずご期待に添えるようにいたします」

麻衣子は頭を下げた。部長は立ち上がって会議室から去って行った。

もとはといえば、麻衣子を呼んだのは部長じゃないか。勝手なオッサンだな。何はともあれすぐにセミナーが打ち切りにならずにすんだことに、僕は胸をなでおろした。


麻衣子自身は、別に慌ててはいないようだった。

猶予はあと2カ月しかないのに。

どうやら部長は、会社の状況をはっきりと把握しているわけではなく、上のほうから経費節減を要求されたようだった。

コスト削減。人員解雇。

いっそのこと、それを社訓にしたらいい。僕はすっかりひねくれていた。


しかし、このあとに語られた空の自己啓発論によれば、これを個人にあてはめるとナンセンスであることがわかるという。コスト削減、人員解雇は個人で言えば、ケチでせこい人間にあたるそうだ。

まず、コスト削減は新規で何も購入したり取り入れたりしないわけだから、情報も入ってこないしスキルも磨かれない。人員解雇は、たとえば、食費を削って体に負担をかけているようなものなので、当然、パフォーマンス低下につながる。

書籍代やフィットネスクラブ代なども節約する。もったいないからパソコンをインターネットにもつながない、映画も見ないというような生活は、多少は預金が増えるかもしれないが、成長する機会がないので、長期的に考えると、収入の減少につながるというわけだ。

会社も単純にダウンサイジングばかりをすると、巡り巡って生産性が下がるという。

かといって、やみくもに事業ベースを拡大するのもダメで、それは個人でたとえれば、英会話学校、フィットネス、空手、乗馬などとどんどん習い事を増やしたり、能率を上げるためとか言い訳して、パソコン代や車代を使いすぎたりするのと同じこと。バランスが大切なんだろう。

チェックを重ねてミスを減らせ

今週もセミナーが始まった。

今日も変わらず麻衣子は壇上で輝いていた。彼女には何らかの確信があるのだろう。セミナーが功を奏し、この会社が必ず上向くであろうということが。

「今日は、みなさまに古い考え方と新しい考え方を提示させていただこうと思います。前にも『隠し絵』などで物事にはさまざまな見方があるというお話をさせていただきました。これは、私たちに、自分の思い込みを再検討する機会を与えてくれます。でも、考えてみてください」

麻衣子はそういうと、スクリーンの脇によってリモコンを操作した。

「これら『隠し絵』には基本的に2種類の見方が隠されているということでした。ルビンの壺、カナダの国旗など、2つの角度から見ることができます。でも私たちの人生はもっと多様な角度から見ることができるんです！」

人生は「隠し絵」なのかもしれない。僕はそう思った。日常の中に無限の絵が隠されているけれども、いつも同じ側面からしか見ていないから1つにしか見えないのだ。

でも、たまに新しい何かに気づいたりすると「これはすごい！」なんて思う。

もっと人生の「隠し絵」を見つけ出すことができれば、生きる瞬間ごとに「これはすごい！」って言えるのかもしれない。

「人生のさまざまな側面を探求するには、哲学のアーカイブをもっと取り入れて、日常生活に思考の切り込みを入れていくといいんです。そのパターンが、みなさまにお渡ししてきた哲学シートです。今日はさらに哲学による思考の破壊と創造をすすめていきたいと思います」

麻衣子は会場を見渡した。

「それでは、こちらの選択をご覧ください」

選択
24

来月も今月と同じように生きられますか？

一寸先は闇と言うが、なぜ明日も今日と同じ生活ができるという確信があるのだろうか。明日は大丈夫でも、来月は？　来年は？

Ⓐ 先のことは考えてもしょうがないから、なるようになれ！

Ⓑ 念のために、リスクを分散しておこう

「今日のテーマは、〝疑う〟ということです。疑うことで真実が見えてくるし、疑うことでミスや失敗、あぶない状態を回避できます。

たとえば、みなさんはクレジットカードを使っていますか？　使っている人？」

麻衣子が手をあげると、会場のほとんどが手をあげた。

「クレジットって信用ってことですよね。クレジットカードの会社がみなさんを信用してお金を貸してくれているってことです。ですから、これって借金なんですよね」

そうか。借金なのか。言われてみればそうだよな。

「クレジットカードを使うときはこう疑ってください！『本当に来月は払えるのかなー』って」

僕の心はざわめいた。

そりゃ、払える範囲で使ってるつもりだが、来月の引き落としを考えるとちょっと疑い方が足りなかったかな。なにしろ、ついこの間もテレビが壊れて液晶に変なラインが入ってしまって、保証期間が過ぎていたから修理費が有料で2万円もかかってしまった。

そんな想定外については考えていないから、クレジットカードも今まで通りに使っていて、結果的に負担が大きくなったわけだ。

想定外のことを考えておくというのは、「払えるかなー」と疑っておくことなのか。

「有名なフランスの哲学者、**デカルト**は真実を見いだすためにあらゆることを疑ってみました。たとえれば品質管理のようなものです。あるパソコンがどれほどの落下の衝撃に耐えられるかを、メーカーは何度も検証しますよね。そんな感じで、自分の考えが疑いにどこまで耐えうるのか検証したのです。電車の指さし確認のように」

デカルト式チェックシートを示しながら麻衣子は説明を続けた。

「この4段階を踏むことによって、論理的で正しい判断をおこなうことができます」

麻衣子は、スクリーンに映っているチェックシートの「**枚挙**」のところを強調した。

デカルト式チェックシート

明晰・判明	いかなるものをも、それが真であると明晰かつ判明に自分が認識しない限り、けっして真として受け入れないことである。速断と先入見とを入念に避ける。
分析	自分が吟味しようとしている問題のそれぞれを、都合よく解けるように、できるかぎり多くの部分に細分化すること。
総合	自分の思考を順序にしたがって、最も単純で、最も認識しやすい対象から始めて、少しずつ、複雑な対象の認識にまで進むこと。前後の順序のない対象の間に理性的に順序を想定するようにして導くこと。
枚挙	見落したものは何もないと自分が確信をもてるまでくまなく枚挙し、全般にわたる点検をおこなうこと。

「見落としがないように、何度もチェックを入れることを枚挙といいますね。『大丈夫かな』と思ってももう一度チェックです。『もうさすがに大丈夫でしょう』と気が緩んでもさらに、疑いの度合いを強めて、もう一度チェックを入れるんです。これで、ミスは格段に減るでしょう」

Maiko's Memo

方法的懐疑とは、あらゆることを極限まで疑って、それでも疑うことのできないものが残ったならば、それを真理として受け入れるという思考法です。

デカルトはまず感覚について疑ってみました。私たちは感覚を信じて生活していますが、デカルトはこれがあやしいと考えました。

というのは、遠くから見れば丸い塔も、近づいてよく見れば四角な塔ですし、まっすぐな棒を水中に入れてみると、折れて見えます。これらは錯覚です。だから、デカルトは、感覚に確実性を帰するわけにはいかないと考えました。

では、自分が今、暖炉のそばに座っているということや、服を着ていることなどはどうなのでしょう。デカルトはこれもまた疑わしいと考えました。

というのは、私たちは、暖炉のそばに座っている夢を見ることもあるのだから、もしかしたらこの現実さえも夢かもしれないというのです。

ここまで疑うのはふつうではありません。もちろん、デカルトも本気でこの世界が夢ではないかと思っているのではありません。でも、論理的に考えると、この世界が確実にありのままに存在するということが証明できていないことに気づくのです。

デカルトは、２＋３＝５というような明白な推理も疑います。何かに欺かれて、みんなが勘違いの推理をするように仕向けられているかもしれないからです。

このようにして、疑わしいことを消去していけば、最後には絶対に疑えないことがあらわれてくるというのが、方法的懐疑です。

ここまで疑ってしまうと、もう確実なものは何も残らないように思えます。

しかし、デカルトは気づきました。疑っても疑っても、ただひとつ疑いえないことがある。それは疑う私自身の存在だ、と。この世界のすべては、幻影に他ならないとしても、**このように疑っている私、考えている私の存在は絶対に確実です。**

だから「私は考える、ゆえに私は存在する」という真理は、絶対に間違いありません。なぜなら、考えている自分が、同時に存在しないということはありえないからです。考えることこそが、私の存在を裏付けているというわけです。

選択 25

先入観を排除する

結婚式の日取りを決めようと結婚式場に申し込むと、ちょうどいい時期に空きが出て、運よく申し込むことができた。しかし、その日は仏滅だった。親族の中には結婚は一生のことなので、大安などのお日柄のいい日に日取りを変えたほうがいいと反対する者もいた。しかし、お日柄を気にしていると１年以上先の日しか空いていない。

さてどうする？

Ⓐ　１年以上先になっても、日取りを変更する

Ⓑ　お日柄なんて関係ない。空いているのでラッキーだと説得する

「科学的に考えれば、お日柄の吉凶で日取りを変更するなんてナンセンス。でも、日本人は特に縁起の良し悪しを気にしますし、人間は気分に大きく左右される生き物だから、やっぱり気にな

4つの思い込みチェックシート

種族のイドラ	洞窟のイドラ	市場のイドラ	劇場のイドラ
人間という種による先入観	読書・環境による先入観	言語使用の誤りによる先入観	権威ある学説に盲従する先入観
例：木目が人の顔に見える	例：カレンダーのお日柄を信じて生きてきた	例：「仏滅」という言葉だけでも不吉そうで気になる	例：近所のお坊さんが仏滅はだめだって言ってた

りますよね。

そんなときは、先入観を排除する『4つの思い込みチェックシート』を使ってください」

「こういった4つの先入観を取り払えば、**つまらない思い込み（ジンクス）に惑わされずに、物事を科学的に考えることができるんです。**もちろん、宗教を否定しているわけではありません。これは対象を客観的にとらえるための方法なのです」

このあと、麻衣子はいつものように、哲学と自己啓発について熱く語った。

Maiko's Memo

フランシス・ベーコンは、真理を発見するためには、真理に近づくのを妨害する誤ったイドラを取り除かなければならないと考えました。イドラとは先入観・思い込みのことです。

ベーコンは、**4つのイドラ**を示しました。

①「種族のイドラ」とは、人類に共通な思い込みです。

②「洞窟のイドラ」は、各個人の偏見です。個人のもっている性格やこれまで受けた教育などの影響で、勝手な思い込みをしてしまう。これでは、世界をありのままに見ることができません。

③「市場のイドラ」は、言語の不当な使用から起こる偏見です。

④「劇場のイドラ」は、権威ある学説を鵜呑みにしてしまうという態度です。劇場で本当らしく演じられていることを観客が真実と思ってしまうというのに似ています。

ベーコンはこれら4つのイドラを排除することで、科学的なものの見方が育つとしたのです。

正義ってなんだろう？

セミナー後、僕らは今後のことを話し合うために第6会議室に向かった。

僕と北条はコーヒー、麻衣子は紅茶を飲み、空はチョコやらスナック菓子やら大量のお菓子を持ち込んでガツガツと食べていた。

「今朝の部長の話、まったく失礼しちゃいますよね」

めずらしく空が自分から話題をふった。そして注目されているとでも思ったのか「わたし、いくら食べても太らないいんですよー」とつけ加えた。

空の体質についての説明はどうでもよかった。

「いいわねぇ、空ちゃんは」

麻衣子は、ミルクも砂糖も入れずに紅茶を飲んでいた。

「そういう食い放題は、質的な意味で下劣だと、ミルが説いていたと思ったが」

北条は、コーヒーに砂糖を追加してかきまぜた。

「私はベンサムの量的功利主義が好きなんです」と空が答えた。

「日常で、そんなこと考えながら生活していたら息がつまっちゃうよ」

僕は嘆いた。

「でも、私たちの生活には、古代からの哲学がすでに影響しているのよ。染みついちゃってるのよ、哲学が。ただ、ふだんは気がつかないだけ。たとえば……」

麻衣子はシートを出した。

選択
26

不公平はつきもの？

Aくんは仕事熱心なのに出世しない。

Bくんは適当に仕事をしているがどんどん出世していく。

Ⓐ **不公平だ**
Ⓑ **世の中そんなもんだ**

「どう？」

「あるある、こういうこと。がんばれば出世するわけじゃないんだよね。その人のキャラとか、

正義チェックシート

一般的正義（全体的正義）	特殊的正義（部分的正義）	
	配分的正義	調整的正義
法律を守る（社会のルールに従うということ）	功績に応じて報酬を支払う（給料のようなもの）	利害の調整をおこなう（裁判のようなもの）

センスとか、タイミングとか……、まあ、運が大きいかな」

僕は言った。

「適当に仕事をしているくせに昇進する人がいて、一生懸命がんばっている人がにらまれたりして。成果主義の社会ではたしかにそういうことはあるかもしれないわね。でも、それが正義か正義でないかと聞かれたら、どう答える？」

麻衣子は僕の目をじっと見つめた。

「それは不正義になるんじゃないかな」と僕。

「そう。やっぱり不正義はよくないと思っているのよ、誰だって。この考え方は古代ギリシアの**アリストテレス**が説いているわ」

「へえ、古代ギリシアからそんなことが考えられていたのか」

北条は驚いた。北条は正義というテーマに興味があるらしい。

「アリストテレスによると、正義には大きく分けて2種類あるのよ。法律を守る正義と、給料をちゃんと配ったり、利害を調整したりする正義よ」

「がんばった人は報われて、サボった人は報われないのが配分的正義になるというわけですね」

空が言った。

「アリストテレスって、なんでも整理整頓してしまうんだな」と北条。

「そう。頭を整理整頓するには哲学が一番使えるのよ」

麻衣子が言った。

「自己啓発書は哲学を現代人にマッチした形でわかりやすく伝えるんです。哲学で人生をいろいろ考えて、自己啓発に応用し、パソコンやスマホで仕事を整理する。こうすれば仕事もおもしろくなります。なぜなら、生活全体がなんでも選択と解答という問題設定として一種のゲーム状態になるから」

空の自己啓発節が始まった。

「選択をしつつ、新しい方向性を見い出して、自分のセルフイメージを広げるんです。いつも同じルートで会社に通っているようでは、同じ風景しか見えないから。自分を突き破るために何か行動を起こすべきなんです！」

空は強く語りかけた。

こいつ、その割には何にもしないいんだよな……。

矛盾があるから成長できる

「ところで麻衣子さん、今朝の部長の話は……」

空がおそるおそる本題にふれた。

「これから、私たちのチームはどうすればいいんでしょう」

「そのことなら特別心配しなくてもいいと思うの。このままやっていくしかない。けど……」

麻衣子は少し考えるそぶりを見せた。

「けど、あと2カ月で成果を出すというのは、どうかしら。場合によっては難しいかもね」

ええっ？　麻衣子にも確信があったわけではなかったのか。

「麻衣子さんにも自信はないと？」

北条が聞いた。

「部長の前ではおまかせくださいと胸を張るしかなかったわ。そうとでも言わなきゃ、私はすぐにはずされていたでしょうから」

麻衣子はおどけた顔で首に手刀をあてた。

「ところで、この会社の業績がふるわないのは、本当に社員のモティベーションの問題だと思う？」

思いがけない問いかけだった。どういうことだろう。

麻衣子は投げかけた疑問にはふれずに新たなシートを取り出した。

「自分を成長させる哲学について考えてみましょう」

選択
27

トラブルにどう反応する？

トラブルが起こった。

どう考える？

Ⓐ トラブルはできるだけないほうがいい
Ⓑ トラブルはあったほうがいい

「これまたシンプルな……。トラブルはないほうがいいでしょ。だってトラブルなんだから」

理由になっていないとは思ったが、僕は感じたことを素直に言った。

自己成長チェックシート

今の段階	➡変化が生じる段階	➡パワーアップする段階
筋肉ナヨナヨ	➡筋トレをする	➡ムキムキになる
英語が苦手	➡英語学校へ行く	➡英語ペラペラになる
書類を作成する	➡ミスして怒られる	➡書類作成がうまくなる
赤字経営	➡試行錯誤	➡黒字経営

「でも、生きていればトラブルは避けられません。だから思い切ってトラブルも楽しんじゃうの」

「トラブルを楽しむだって？」

北条は驚いた。

「そう。たとえば、重い荷物を運ぶのは面倒くさいと思うでしょ？　でも、フィットネスクラブだったら、よろこんでダンベルを上げ下げする。これって重いという意味では同じことじゃない？　なのにどうして荷物は運びたくないの？」

「そりゃそうだが……。でも、荷物を運ぶのと筋肉を鍛えるためにダンベルを持ち上げるのとでは目的がちがう」

「それでも、形式は変わらないのよ。**ある段階から変化が生じる段階、それらを統合してパワーアップする段階があるの。**トラブルは矛盾だから、それがあってこそ前にすすめるわけ。この公式を**弁証法**っていうのよ」

麻衣子は続けた。

「安定した段階は必ず矛盾を含んでいます。けれども、それは自覚されていないの。そして、だんだんと矛盾があらわになるわけ。そこで、次の段階へと持ち上げられて自分が成長するのよ。すべてのものは矛盾を克服して、次の段階へと移行するの！」

「つまり？　**トラブルは自分を成長させる**ということ？」

麻衣子はうなずいた。そう考えれば、いやなことにも少し前向きになれるかも。

「なるほど。オレたちの活動は全部そういうことか。じゃあ、会社はいま試行錯誤をしているから、この〝変化が生じる段階〟にいるわけか」

シートの一番下の行を指さして北条が言った。

「どんなに経営が順調でも、その状態がずっと続くことはありえなくて、いつか必ず矛盾が出てきます。経営が傾いたりね。でもそれは**次の段階へ移行するために必要な過程なの**」

トラブルを楽しむなんて、とんでもない考えに思える。

でも、スポーツ選手だってそうやって成長しているんだろう。

Maiko's Memo

あらゆるものは、次の3段階をたどります。これが弁証法という、世界につらぬかれた公式なのです。

①ある対象を［A］と規定し、その規定を固定化し、固執する段階（即自）

②第一の段階で考えられた規定〔A〕に対して矛盾する規定〔非A〕が生じてきて、ある対象を単に〔A〕と規定することは一面的であるということが明確になる段階（対自）

③対立する2つの規定の綜合によって、対象の完全な規定が達成される段階（即自かつ対自）

やっぱり、矛盾とぶつかることで、成長するんですね。赤ちゃんが、さまざまな体験を重ねて、だんだんと成長していくのも弁証法なんです。


あたりは暗くなっていた。窓の外からビルのライトが差し込んでいる。

僕らは、残業代のつかない残業をしていた。

でもこれも前向きなパワーアップの営みだ。弁証法なんだ。


そのとき、第6会議室のドアをノックする音がした。

こんな遅い時間に、一体誰だ？

ドアを開けると、噂をすれば……の部長が立っていた。

「ちょっといいかな」

第7章▼

時代の変化に適応するための哲学的思考

組織をしばる壁の正体

部長の登場だ。なんだろう。また後ろ向きな話をされるのかな。

今朝あんなふうに言われたばかりだからな。

変な空気が部屋を満たした。僕らは立ち上がった。

「遅くまでご苦労だな。いやいや、まあ、座ってくれ」

「じつはな、今日、餐出くんのセミナーをドアごしにのぞいてみたんだよ」

え？　そういえば部長ってこれまでセミナーに参加してなかったんだっけ。

「哲学をビジネスの思考ツールとして使うなんて、なかなかおもしろかったよ」

このオッサン、内容も把握せずに麻衣子を呼んだのか。

「それはどうもありがとうございます」

麻衣子はイスから立ち上がるとにっこり笑って深々と頭を下げた。

「いやあ、すまんすまん。これじゃまさに朝令暮改だな。ハッハッハ」

で、何が言いたいんだろう……。

「あれから考えたんだが、というより、ふだんから思っていたんだ。この会社が低迷しているのは、社員の士気の問題だと。しかし、問題は別のところにもあった。会社自体の構造だな」

「……新井部長、じつは私もそう感じていました」

麻衣子は話し始めた。

「この会社が抱える問題について、新井部長ははじめ社員の方々のモティベーションの問題だとおっしゃっていました。しかし、この会社に来てみて、セミナーをおこなったり、会議に参加させていただいたり、いろいろ内部をのぞかせていただいて、感じました。これは、社員だけの問題ではない。と」

麻衣子が発した質問が蘇った。

〝この会社の業績がふるわないのは、本当に社員のモティベーションの問題だと思う？〟

麻衣子はこのことを言っていたのか。

「ああ、認めたくないが、認めるよ。社員だけの問題ではない。……この私もその問題の片棒を担いでいたようなもんだな。会社の構造、つまり、管理職や経営層まで変わらなければ、この会社は変わらないよ。だがなあ、自分もしょせんただの管理職だ。会社全体を変える力なんてもっとらんよ」

急に部長が弱々しく見えてきた。

「いかがでしょう。失礼ですが新井部長もまだ哲学という思考破壊の入り口に足を踏み入れたような段階です。今、私たちは刻一刻と変化する状況に対応できるような新たな思考法を模索しているところです。一緒に参加されませんか？」

え？　部長も一緒に麻衣子からレクチャーを受けるのか？　なんか居心地が悪くなりそうだな。

しかし僕の心配をよそに、部長はあっさり承諾した。

「そうさせてもらおう。まだ私も会社に対するもやもやが残っている段階だからな」

「ではさっそく」

そう言うと麻衣子は、選択シートを取り出した。

選択 28

勇気をもって改善する？

会社の改革案で、いい考えが浮かんだ。

あなたはある製品が時代遅れだと感じていたので意見しようとした。

それを改善すれば消費者の購買欲も刺激されるだろう。

けれども、その製品の古さを指摘すると、これを開発した担当者が不愉快な気分になるらしい。開発担当者はこの製品が、現代のニーズとずれていることに気づいていない。

その開発者は年配で地位も高く、おそらく自分が指摘すれば、この案はもみ消されると同時に、自分がにらまれる結果で終わるだろう。さて、どうする？

自分はどう思われてもいいから、会社のためにそれを指摘する？　それとも、波風が立たないように黙っておく？

Ⓐ　問題を指摘して改善を目指す
Ⓑ　指摘してもしょうがないので、放っておく

「ハハハ、のっけから耳が痛い選択だな」

部長は自嘲気味に笑った。

「オレは断固として指摘するね」

北条が拳を握りしめた。

「だったら、あの新製品のことを推してきなよ。あの企画会議のリーダーにさ」

できるのか？　と北条を試すつもりで僕はちょっと意地悪なコメントをした。

「い、いや。それは難しいな。そこまで口出しするのは」

「なんだよ。やっぱり波風立てないように黙っておくほうの選択じゃないか」

「そうじゃない。他の部署なんだから、節度をたもたなければ。オレがあの企画部にいたら、新製品の開発をおすよ。どちらか一方が主張するんじゃなくて、お互いの理解を促すような方向にもっていきたいぜ」

「なんだね？　その新製品というのは」

部長が口を挟んだ。

麻衣子が指サイン型デバイスについてのことの成り行きを丁寧に説明した。

話を聞き終わると部長は腕を組んだ。

「むむぅ。それこそ、会社の構造的な問題だな。しかし、誰だ？　そのトップは……いや、調べればわかるな。しかし、そんなに独裁政治をしてたとは」

部長が独裁政治という言葉を使ったのには、あきれた。自分のことは完全に棚上げかよ。

麻衣子は別のシートを出した。

選択29

助かるべきなのは誰？

難破船から2人の人間が海に放り出された。

海に浮いているのは、たった1本の角材だった。この角材にしがみつけば助かることもできそうだったが、不幸にもその角材は1人の人間しか支えきれない。2人ともその角材につかまって死ぬか、争いの結果1人が勝って、他の1人は海に沈むか。どちらにしても1人は確実に死んでしまう。

どちらかだけでも助かればよいのか、それとも争わずに2人とも犠牲になるべきなのか。

Ⓐ 板を独り占めする

Ⓑ 自分が板を譲って犠牲になる

「これはしょうがないでしょ」と僕は言った。

「ははん。さては、角材を独り占めするのね」

空は僕をくさした。

「だって、ひとりしか助からないんだから」

「あなたと相手を比べたとき、もしも相手が難病を治せる医薬品をつくっている人だったらどうするの。そしたら沈むべきはあなたなんじゃない」

「ひどいな。命の重さを成果から決定するなよ」

「だって、もう1人のほうが、多くの命を救えるのよ！　当然じゃない」

勢いづきそうな空を麻衣子が制した。

「まあまあ。この設問は、ドイツの**カール・ヤスパース**によるものよ。彼は、人と人との争いについて説いているわ。自分が生存することは、それだけでもう、他者から何かを奪い取っていることになる。逆に、他の人々も私から何かを奪い取っているっていうわけ。

たとえば、**自分が会社のある地位につくことは、誰かがその地位につけずに排除されているということになるし、他人が私の地位を奪い取っている場合もある。**こういった、二者択一の厳しい生存競争が、人間の生存の根底に、宿命的な**限界状況**として潜んでいるの」

「社長の椅子をめぐる派閥間の争いを描いて同じような選択問題がつくれそうだぞ。戦いに敗れた側が制裁人事を受けるなんて、あれ、小説の中だけの話じゃないからな」

部長の得意気な解説に、北条はうなずいていた。

Maiko's Memo

会社でのポストをめぐって勝者と敗者が出現するのが、この世の定めです。活動空間や生存条件をめぐって、絶えず争いがおこなわれている場が人生なのです。人間同士の助け合いはあるのですが、根本的なところに争いが存在し、勝利した者が多くを得る仕組みがあります。

この現実から目を背けてはなりません。

この争いから逃れようとすれば自分の生存が脅かされます。また、争いに勝ったとしても、最後には孤独の状況が待ち受けているかもしれません。

人と人との真の交わり

「闘いの世界の中で、うまくやっていくにはどうすればいいんだろうか」

北条は腕を組んだ。

「ヤスパースによると、**『愛しながらの闘い』**ね」

「なんだって？『愛しながらの闘い』とは？」

「人間は、自分ひとりでは生きていけないでしょ。ヤスパースによると、人と人が出会うとき、そこに取り替えることのできない**交わり**が出現するというの」

「取り替えることができない……」

たしかに、人は物のように取り替えることはできないな。

「そう。前もってリハーサルしておいたり、タイムマシンのようにもとに戻すことはできない。1回限り。ユニークなその瞬間が人と人との出会いだというの」

「このプロジェクトでの出会いもそうだね」僕はしんみりして言った。

「だからこそ、闘いもあるわけか。闘うも愛し合うも表裏一体っていうことだな」

北条は天井を見上げた。

「そう。でも、この人と人との交わり、『**実存的な交わり**』って呼ばれているんだけど、ここには、さまざまなすれちがいも出てくるわ。このとき、つきあうのが面倒くさくなって、ひとりになりたいと思うかもしれない」

「はあ、あるある。そういうことをヤスパースは言ってるんだ」

「そう。自分ひとりでウジウジと考えているのでは、まともに思考が働きようもなくて、どんな真実にも近づけないのよ。ヤスパースは言っているわ。『**真理は2人からはじまる**』って」

「真理は2人からはじまる……」

僕は反芻《はんすう》してみた。

「真理は2人からはじまる……」

部長も繰り返した。

気持ち悪かった。

「ところで、**人と人の関係には**『**権力**』という考え方が不可欠よ」

麻衣子は新たなシートを出した。

選択 30

賛成か、それとも反対か？

会議で出たある意見にまわりの人たちはみんな賛成した。

しかしあなたは反対だった。

さて、反対を表明する？　賛成する？

Ⓐ　まわりのプレッシャーに負けず、反対を表明する。
Ⓑ　自分を殺して、賛成する。

「みんながそうするから、自分ものまれるってやつだね」

「日常でも多いでしょ。学校でも、落ちこぼれはダメだとか、社会の役に立たないといけないとか、そういったところに『**権力**』が働きかけられているのよ」

「お互いが監視しあっているというのを聞いたことがあるわ」

空が言った。

「なるほど。これが正しいとか間違っているとか、各人が考えていて、互いをけん制しあっているわけか。だから、正論を唱える人には、反論しにくいんだな」

北条はうなずいた。

「そうだな。当たり障りのないことを言っておけば、攻撃されないから、みんなが道徳的なカッコイイことに賛同するんだよね」

「おいおい、そんなことを考えて仕事をしてるのか？」

部長があきれた顔をして北条と僕を見比べた。僕はバツの悪さを感じた。

「自分が正しいと思って行動するのはよいけれど、**まわりの目を気にしながら良い行動をしてしまうのは、結局、他人に支配されているのと同じ**なのよね」

よくあるシチュエーションだが、他人に支配されていると思うと、考え直したくなるな。

パラダイムを転換せよ

麻衣子は次のチェックシートを出した。

「これは、あの隠し絵の応用編ね。物事は見方によってガラッと変わってしまうということが、実は科学の世界で起こっていたわけ。科学史家**トーマス・クーンのパラダイム転換《シフト》理論**よ」

パラダイム転換チェックシート

古いパラダイム	新しいパラダイム
プトレマイオスの天動説	コペルニクスの地動説
ニュートンの力学	アインシュタインの相対性理論

「これはなんだね？　これが哲学？」と部長は訝《いぶか》しんだ。

「そうなんです。これも哲学的思考と関係があるんです」

「へえ、なんだって関わっちゃうんだね」

僕は感心した。

「たとえば、バスが時刻表通りにこないとしましょう。渋滞とか、事故とかいろいろ考えちゃうわよね。でも、それは、時刻表が絶対に正しいと思っているからでしょ？」

「まあ、そうだが、時刻表が誤っていたりすることってあるか？」

北条が言った。

「だって、時刻表の下に『一時的なダイヤ変更のお知らせ』が貼ってあって、それに気がつかなかったとしたら？」

「ああ、正月とか特別な時期ね。まあ、気がつかなかったらいつまでも渋滞か事故って考えるわけだな。そうか。つまり**根本的な土台の変更**に気がつかないというわけか」

「簡単にいうとそれに気づくことがパラダイム転換よ」

「たしかに、僕らの日常の中にそういうことたくさんあるよね。目の前のことだけを考えていると、問題が解決しない場合が」

「天動説が支持されていた時代は、星の運行を天動説というパラダイムの中で無理に説明しようとしていたので、うまくいかなかったわ。でも、地動説にパラダイムシフトしたら、すっきりわかったということ」

「自己啓発書でもパラダイムシフトはよく使われる用語よ！」

空が嬉しそうに叫んだ。

「オレは、飲み屋でパラダイスシフトしたいよ。ハーッハッハ」

部長が寒いギャグを飛ばした。

しばし流れた沈黙の中で麻衣子が次のシートを出した。

選択
31

頭ガチガチ・フニャフニャ、あなたはどっち？

ある企画アイデアが、常識はずれに感じることがある。それは、自分だけの偏見なのかもしれないが、本当に世間からみて常識はずれのときもあるだろう。素人目でみても「なんでこんな商品が……」と思えるものが商品化されている。しかし、常識はずれに思えるものが大ヒットしたりもする。

さて、あなたは会議でとんでもない企画案を説明された。どうする?

Ⓐ **発言する**
Ⓑ **黙っている**

「たとえば、今となっては伝説だけど、甘口カレーとかかな」

「甘口カレーがどうしたんだい」

北条が興味を示した。

「その昔、甘口カレーが発売されたら『カレーが甘いわけがない!』って批判されたのよ。カレーは辛い物だという常識があったから、甘いカレーは完全に矛盾だったわけ」

「へー、そんな頑固な時代があったのか」

部長は無言でうなずいている。

「ほかにもいっぱいあるわよ。テレビリモコンが発売されたとき、『リモコンなんて使ったら人間がずぼらになる』なんて批判されたのよ」

「なんじゃそりゃ!」

僕は驚いた。

現代の感覚からすると信じられないな。

とすれば、これからもそういうことが起こるのかな。新たなライフスタイルが生まれ、また批判され、いつの間にかそれが生活に溶け込んでいって、日常化する。

でも、人類の歴史ってその繰り返しだ。

「これは今も起こっていることなの。タブレット型のコンピュータだって批判する人はいたわ」

「僕らも、歳をとっていくとそのうち頑固になるのかな」

「若くても頭がカタい人はたくさんいるわよ」

麻衣子は言った。

「ハハハ、私もよく頑固だと言われるがね」

部長は頑固オヤジだと言われていることに気づいていたのか。

「自分の中にあるカタい部分は、本人は気がつかないものなんです。だから、たまにはチェックしたほうがいいでしょうね」

そう言って麻衣子は新たなシートを差し出した。

「**ドゥルーズ**と**ガタリ**というフランスの哲学者は、頭がかためのパターンと柔らかめのパターンを複雑に説明しているわ。このシートはそれをかなりわかりやすくしてみたの。

パラノ／スキゾ・チェックシート

パラノ	スキゾ
同一性に固執する傾向をもつ人間のこと。考え方が首尾一貫していて壮大な体系となっており、これが社会に適合した場合は、現実的な装置として秩序となる。	スキゾとはスキゾフレニー（分裂病）から用いられる概念。同一性に固執せず欲望の多様性を実現するものである。

『**パラノ**』と『**スキゾ**』って分類するのよ。

思い込みが激しい人は、物事の統合をめざす妄想型（パラノイア）。一方、いろんな方向から物事をとらえるのが分裂型（スキゾフレニー）よ」

「ああ、なんか雑誌で見たことがあるな。パラノとスキゾって。あれって哲学だったんだ」

「そうそう。**パラノはいわば、頑固オヤジタイプ、スキゾは物事を相対的にとらえるタイプ**ね。

資本主義は、欲望の流れを調整しつつ、できうるかぎり苦痛を排除するようなシステムをめざしているの」

「よくわからんな」部長は眉間にしわをよせた。

「ゲームで言えばタメのモードです。グーッとためておいて、攻撃するでしょう？　仕事ってそんなものなんです」

「タメのモード？　よけいわからん」

「夕方まで働いて、就業後にビールをぐっとやって『この1杯のために生きてるなー』みたいなことかな？」

北条は実感をこめて言った。

「そうそう、そんな感じ。ためておいてはきだすという繰り返し。だから、欲望を満たすために働いているというのは、我慢をしていることね」

「なら、その労働は単に欲望を実現するための手段にすぎないわけだ」

前に聞いた労働は自己実現という話とはちょっと違うような気がした。

それが今の資本主義の問題ってこと？

「現代の資本主義での労働は**欲望の実現を延期して時間稼ぎをしている**だけなの。新機種の携帯電話やパソコンソフトのバージョンアップ、ブランドの流行など、別に持っていなくても不自由しないような製品が次々とつくられるでしょう？」

「たしかに。知らなければ買わなかったという商品があるな。無駄遣いだ」

北条の財布のひもはかたそうだった。

「でも欲しくなっちゃうでしょう？　だから、**新しいものをみんなで作り続ける仕組み**になっているわけ。タメのモードと解放がリピートされるって感じ」

僕はこの資本主義社会の不思議さに気づいた。どこもかしこも広告だらけで、購入をせかされる毎日。必要もないのにコンビニに入り、なんとなく新商品のお菓子を買う。他人が何かの新製品をもっているとつられて自分も買ってしまう。クレジットカードを打ち出の小槌と勘違いして、次の月の支払いでビックリ。それの繰り返し。

本当はみんな、もっとゆっくり生活したいのに、世の中がそうさせてくれないのかもしれない。

「資本主義って、不毛な努力なのかな」

「いいえ、不毛ではないのよ。人間の身体には新陳代謝があるでしょう。資本主義も同じなの。資本主義というシステムが大きな身体のようなものなの。血流が滞ると病気になるように、流動性がなければ資本主義も終わってしまうわけ。

だから、私たちの生き方はただひとつ。ボーッとしているのはやめて、**どんどん前向きに動く**ということ。それ以外に道はないのよ。**人間そのものが変化を求める存在だから、つねに新たな物を作り出していくことが大切なのよ。**これらの思想は限りなく、資本主義を肯定するものだわ」

「パラノもスキゾもどっちもありだな」と北条が言った。

「私はスキゾよ！　自由に生きたい！」

空は叫んだ。僕は違和感を感じた。

「ええ？　君は自己啓発書をマニュアル的に実行しているんだから、パラノじゃないかな」

空はかたまってちょっと考えているようだったが、すぐに「だったら、スキゾとパラノを使い分けるわ」と答えた。

「それでいいのよ」

麻衣子が間に入った。

「**人はだれでもパラノとスキゾの両極で動揺しているものなの。**パラノの生き方は、組織の一部としてふるまうものなので、マニュアルに縛られた社員のようなあり方ね。一方、スキゾは個性的なあり方。芸術作品、新理論、新しい政治など型にはまらない私的なパターンを表現するの。でも、スキゾ的な生き方は、自由すぎて変人扱いされてしまう場合があるので注意が必要だわ」

「結局どうすればいいんだ」

北条が不満気に言った。

「正直……」部長が口を挟んだ。

「キミらスキゾの若者が何を言っているのかさっぱり理解できんよ」

そして、「おっといかん。こんな時間か。ちょっと用事を思い出した。じゃ、また。がんばれよ」と言ってそそくさと部屋を出て行ってしまった。

どうやらおいてきぼりにされて居づらくなったようだ。

第3の道、ノマド

部長が退席してホッとした空気が流れた。

「パラノオヤジは帰ったな」と北条がつぶやいた。

「続けるわね？　ここに第3の道があるとされるの。それは、パラノ・スキゾに偏らないように、いわば定住しないようにうまくかわしていく生き方、**『ノマド』**よ」

「ノマドワーキングは、もはや常識よね」空が得意気に言った。

「ノマドというのは、遊牧ってことで、どこにも定住しないということ。**仕事にのまれるのでもなく、かといって逸脱するわけでもない自由な戯れ方がノマドなの**」

「ノマドって、別に会社を辞めるってことに限られるわけではないんだね」

遊牧なんていうから、ニートやフリーターになるのかと僕は思ってしまった。

「ノマドはパラノとスキゾという二分法を乗り越えて、両者にこだわらないものの見方をもつの。これを**『逃走線を引く』**というの」

「とうそう……？　逃げちゃうってこと？」

逃げるのはどっちかというとスキゾのイメージだが……。

「いいえ、ここでいう『逃走』とは逃げることではなく、つくること。形式的な古い区切りにこだわらずに、いろいろな線を引いてみるの。すると思いもかけないアイディアや行動に気づくわけ」

「そうか。僕らが今までやってきたことだね。常識の破壊、つまり**哲学することは、逃走線を引くことなんだ**」

定住と遊牧・チェックシート

定住	遊牧（ノマド）
安定を求めて変化をしない	新しいチャレンジをする
生活がワンパターン	行動を変えてみる
会社に固執する	副業をもつ

「まあ、そんな感じ」

「デジタル世界も、数十年前にこんなに充実するとは思わなかったよね。ネットの世界で全部がつながって、区切りというものが消え去っていくかもしれない」

けれども、区切りが消えていくというのは、ひとつになるという意味ではないようだ。多様化して区切りが消えていくということだ。

たとえば、ネット社会によって、多くの人が情報を得られるというのは、閉鎖的な世界が開放されてきているということ。

「だったら、**ブランド**はどうなるんだろう。すべてが多様化してきてその区切りが消えていくとするならば、これじゃなきゃいけないっていうこだわりは消えてしまうかもしれないよね」

僕は漠然と会社組織の崩壊をイメージしていた。

「それはないのよ。ブランドが多様化することはあってもね。なぜなら、**消費社会はますます発展するから、もっと多くの個性的な製品が求められる**のよ」

「まあ、たしかに、商品の数は年々増えていて、消費者の選択肢が増しているな」

北条は窓から見える高層ビル群を眺めて言った。

「消費社会においては、ブランドというものが意味をもつわけ。ブランド製品は、商品そのものやケアがしっかりしているということもあるけれども、それだけがブランドの意味ではないわ。

この選択をやってみましょう」

選択
32

入り口と中身はどっちが説得力をもつ？

工務店に家をリフォームしてもらおうと思い、ネットで調べてみたら、知人から教えてもらった会社Aは、素人くさい地味なデザインのホームページだった。

一方、会社Bのホームページは、いかにも金をかけて作ったであろう高級なデザインの入り口で、リフォームの仕組みが一目で分かった。

Ⓐ 中身が大事だから、安心の会社Aにする
Ⓑ ホームページのデザイン性を信じて会社Bにする

「これは、オレは会社Aを選ぶな。やはり信頼が大事だ」

北条は言った。

「僕は……会社Bかな。たぶん若者はこっちを選ぶんじゃないかな」

「ではこれをブランドという観点から読み解いてみましょうか」

「哲学ってブランドも語るの？」

僕は驚きをかくせなかった。哲学をするとブランド品を身につけてチャラチャラするなって怒られるのかと思っていたからだ。

「ここでは、ブランドを社会的なシステムにおける**記号**と見立て、分析しているの。ブランドは、有用性という点では必ずしも所有する必要はないわけ」

「ああ、オレはブランド嫌いだよ。スーツも着られればそれでいいし、時計も時間がわかればいい」

「そう。ブランド製品は必ずしも持つ必要がないわけ。なのに、人気があるでしょ。なぜかしら」

「それは、目立ちたいからかな」

僕は麻衣子の全身がブランドでかためられていることにあらためて気づいた。

「簡単に言えばそうだけど、哲学的に説明するとこうなるわ。**他の者との差異を表示する貴重な記号となる**……ってね。ブランド物を買うのは、まさにこの**記号を消費**しているわけ」

消費記号チェックシート

ブランドを気にする	ブランドを気にしない
カバンと財布はヴィトン、グッチなどの高級ブランド	スーパーで売っているノーブランド
車はベンツ、フェラーリなど	車は走ればいい
時計はロレックス	量販店製の時計
スーツはアルマーニ	紳士服の○○

「グッチやヴィトンは、物体ではなくて記号なのか？」

「そう。そして記号は、他の物との『**差異**』によって成り立つわけ。それそのものに価値があるのではなくて、**区別されることとそのものに意味がある**わけ。だから商品開発するときに、いいものをつくるということは大切だけど、その魅力のある記号という方向から考えなければだめね」

「内容がいいだけじゃだめなのか……」

北条はつぶやいた。

「たとえば、ものすごくおいしい料理を出している店の入り口。すっごく汚かったらどう？　いわゆる『きたな美味しい店』よ。逆に、まあまあの料理だけど、入り口がきれいだったら？」

「入り口がきれいなほうに思わず入ってしまうよな。やっぱり……」

北条は答えた。

「ああ、そういえば、パッケージって影響が大きいよね。ソフトウェアだって、マニュアルとディスク１枚で足りるのに、わざわざでっかい箱に入ってるし。あれってデザインだよね」

「あたし、缶コーヒーってすごいと思うわ」

空も身を乗り出した。

「だって、味も大事だけど、キャッチコピーやデザインに左右されるじゃない」

たしかに、缶コーヒーってどれでもおいしいんだけど、外面《そとづら》で選んでしまうんだよね。僕は、朝専用のコーヒーを昼に飲まないことに気づいた。不思議なことだった。

「あれも個性の強調よね。そして言えることは、**これからは個人もブランディングをしていかなければならない**ということよ」

「個人のブランディング？」

「そう。企業のブランドも重要だけど、自分自身が個性を発揮して、ブランドを強調するわけ。**相手にとっての信頼、満足度、そして自分自身を覚えてもらうための工夫。**名刺をデザインしたり、服装に気を使うことだって立派なブランディングよ。話し方とかもね」

「なるほど。内側がいくら充実しても、外側がボロボロだったら、その店に立ち寄ってもくれない。人間も同じなのかな。天才的な技能を持っている人でも、すっごい不潔だったら、面接の時点でおとされちゃうもんね」

「そう。もちろん、外側だけを着飾るのはよくないけど、**外側も内側と同じくらい大事にするべきなのよ**」

個人が、1つの会社のようにブランドをもつ。現代の哲学ってそんなクールなことを説くものなんだ。
僕の中から、哲学に対する説教臭いという先入観は、すっかり消えていた。

選択
33

究極の積極的思考とは？

朝起きて鏡を見る。歯を磨く。
あなたは思う。
「　　」と。
この「　　」の中に何と入れるか？

**Ⓐ 「あ〜あ、今日も会社か。行きたくないな」
「今日も学校か。休もうかな」**

**Ⓑ 「今日一日、すばらしい日が待っている！」
「ウキウキしてしょうがない！」**

「ふつうは、あ〜あ……、だよね」

「ホントウにダメな考え方ね。自己啓発では積極的思考をとらなければダメ！　ネガティブなことを思ったり言ったりすると、それが自己宣言となって、脳がそのまま反応してしまうんです！」

空が興奮気味に説教しだした。まるで母親みたいだ。

「脳にはフィードバック機能があって、自分の考えたことや発言を増幅してしまうんです！　会社がいやだなんて思った瞬間、その思考が力を持ち始めて、斜面を転げ落ちる雪玉みたいに大きくなってしまうんですよ！　もっと明るく生きなきゃダメ！」

「はあ、そうは言っても、どうやったらそんな明るい気分になれるわけ？　かったるいものはかったるいよ」

「だからぁー！　かったるいって言うから増幅されるんです！」

「わかったよ。わー、気分がいいなぁ！」

僕はおどけて、ポジティブ発言をしてみた。……が、別に元気にはならなかった。

「ダメだ……」

「ダメって言わない！」

麻衣子が仲裁に入ってくれた。

「まあまあ。空ちゃんの言っているのは正しいんだけど、すぐに効果が出るものではないのよ。

かなりしつこく**自己宣言**《アファーメーション》しないとダメね。よく、積極的思考を試してみましたが効果がありませんでしたって言う人は、実は、三日坊主なのよ。一生続けるくらいの気持ちで『私はできる！』『うまくいく！』『楽しい！』『幸せだ！』というような**アファーメーション**を繰り返すわけ」

「一日に何度くらい積極的思考を繰り返せばいいんだい？」北条は怪訝な顔をした。

「そうね……、１万回くらいかな？」

「えええええ⁉」

「ウソウソ。でも、それくらいの気分でつねに積極的思考を維持するわけ」

「ということは、四六時中、積極的思考でいるってことか……。ムリだな……」

僕がぼやくやいなや「ムリって言わない！」と空がつっこんだ。

「たとえば、お腹が痛くなったらどうするの」

「治る治るって思うのよ」

「じゃあ、交通事故にあったらどうするの」

「保険がある。お金はまた稼いでがんばろう。命があるだけよかったたって思うの」

「ええー？　そんなの楽天的すぎるよ」

麻衣子はさも当然のように言うが、僕は賛同できなかった。

「アメリカの哲学者、**ウィリアム・ジェイズム**はこう言っているの。『**悲しいから泣くのではなく、泣くから悲しくなるのだ**』って。泣き始めると止まらないというのは、泣くことが悲しさを呼んでいるの。だから、朝、鏡に向かって笑顔をおくると、喜びの感情が生まれてくる。そういった**日々の心理状態を維持するのが積極的思考なのよ**」

まあ、僕の思考はネガティブすぎるが、どうやったらそんな積極的になれるんだろうか。

「ジェイムズはこう説明するのよ。Aを信ずることの結果が、人間にとってよい（有用性を持つ）というのであれば、Aは真であるってね」

「むむむむ？」

「結果よければすべてよし、みたいなことか？」と北条が割り込んだ。

「そうね。ジェイムズは、人生において実際的に効果をもったものであるならば、それは他の人がどう思おうと真実であると説いたの。もし、人生で問題につきあたったとき、『これは悪い状況だ』と判断するのか、『これは乗り越えられるべき試練だ』と考えるのかは、その人の判断ひとつで決まるでしょ」

「そうだね。みんなが今まで選択してきたことは、たくさんあった」

僕はこれまでのさまざまな選択シートに思いをはせた。

「私がセミナーで最初に見せた、あのルビンの壺。あれって、真実が先に与えられているわけではなく、その人の解釈によって真実が決まると言いたかったわけ」

「たしかに、麻衣子さんが一貫して説明してくれてきたことは、すべては中立で、解釈する側によって決まるという話だった」

「となると、何かを選択するとき、出来事をネガティブに考えたときの結果と、ポジティブに考えたときの結果のどちらがうまくいくかというと……もう説明の必要はないわよね。

そして、『これは必ずうまくいく』と考えることがその人にとってよいのなら、それが真である、としたの。

ジェイムズのプラグマティズムは、積極的思考という考え方をアメリカに広めた哲学なのよ」

「すべての自己啓発のもとですね！」と空はうれしそうに言った。

麻衣子は僕たちに語りかけた。

「私たちは何事も悲観的に考えてしまうけど、ジェイムズは『**not**』の3文字ワードで意味を逆転させるとよいって提案しているわ。否定的な言葉が浮かんできたら『**……ではない**』って逆転するの。たとえば、『それは無理』……ではない、『やってもしょうがない』……なんてことはない、『しょせんできない』……なんてことはないってね。そして、変換がなされたところで『私はできる！』と高らかに叫ぶのよ。心の中でね」

Maiko's Memo

アメリカの積極的思考の哲学は、実にプラグマティズムにあったことがよく理解できます。あなたの未来はあなたが創るのです。

スポーツの世界では、チームのメンバーたちは自分たちが勝利すると確信して試合にのぞみます。「この試合に勝つか負けるかは科学的には検証できない」などとは誰も言いません。私たちの人生も、勝つか負けるかは、科学的に予測はできないのです。それでも、必ず勝つという信念をもつことが大切なのです。もし失敗したら、別の扉が開きます。闘っては負けて、闘っては負けてを繰り返していく中で勝利が得られるのです。その過程において、つねにポジティブな思考を持ち続けるべきなのです。

ジェイムズは、たとえば登山の最中で崖っぷちにたたされたとき、生き残ることができると積極的に成功を信じて飛び降りるのと、絶望したまま飛び降りるのとでは結果が大きく変わるとまで言いきります。できると思ってやればできる。彼は信念の実現について体系的に語った哲学者だったのです。**失敗しても、それは自己修正の機会であってかならずや最後には成功する**という信念の哲学です。

これが「思考の7ステップ」だ

麻衣子は1枚のシートを配った。

そこには〝思考の7ステップ〟と書かれていた。

「このシートが、これまで説明してきた哲学的思考をまとめたものよ。省いているものもあるけれど、この考え方さえ知っていれば、思考の破壊と新たな創造に関しては合格点がとれるでしょう。ことあるごとにこのシートを見直してもらえたらいいわね」

麻衣子は、ふと自分の腕時計を見た。僕もつられて会議室の壁掛け時計を見た。いつのまにか、21時をまわっていた。

「もう遅いので、今日はこのくらいにしておきましょうか。怒濤の展開に、みなさんも混乱しているかもしれないから。最後にこれだけは言わせてね」

麻衣子は姿勢を正して語り出した。

「人生には、様々な困難が横たわっています。つらいこともたくさんあると思います。

❼ 積極的に考えた方が実際的な効果が得られるのだから、
あえて前向きな考えを選択する

プラグマティズム ⬅ ジェイムズ

❻ 束縛と自由の間を行き来して、クリエイティブな生き方をする

ノマド ⬅ ドゥルーズ

❺ 一面的な思い込みを見直して、新たな考え方の土台をつくりなおす

パラダイム転換 ⬅ クーン

❹ どんな状況も肯定的に受け入れて、自分を乗り越えようとする

運命愛 ⬅ ニーチェ

❸ 次々と生じるトラブルを利用して、新たな段階へ進む

弁証法 ⬅ ヘーゲル

❷ 自分の欲望ををコントロールする自律的精神を身につける

定言命令 ⬅ カント

❶ すべてのものを疑って、絶対確実な真理をみいだす。

方法的懐疑 ⬅ デカルト

思考の7ステップ

でも、忘れてしまいましょう。

今、この瞬間から新しい時間が始まります。今この瞬間が出発点！

この瞬間しかないということは、過去も未来も、この瞬間に凝縮されているのです。人はすでに全体を生きていることになるの。苦しかったことも楽しかったこともすべて受け入れて、ここから始めましょう。

新しい時間が始まります。自分の内側からスイッチを入れて、自分で未来を決めましょう」

エピローグ

次の週あけのこと。

僕は寝坊をして、セミナーの時間に遅れてしまった。

まずい！

麻衣子に申し訳ない。そして空の罵声に備えなければならない。

電車の接続も悪く、セミナーがおこなわれる会議室前に着いたときにはすでに、開始時間から30分すぎていた。

息を殺して部屋の後ろのドアにまわった。妙に静かだった。シートを確認している時間かな。

僕は、音をたてないようにそうっとドアをスライドさせた。

が、室内には机とイスだけが無機的に並んでいた。

誰ひとり、いなかったのだ。


場所を間違えたのだろうか。いや、この部屋を間違えるわけがない。

僕はスケジュールを確認した。時間を間違えたのかも。

でも、開始時間も予定通りだし、中止や変更の連絡もない。

「セミナー打ち切り……」

そんな言葉が頭をめぐった。早すぎる。そんなバカな。

でも、そうなのだろうか。

僕は整理のつかない気分を引きずったまま、とりあえず第6会議室へ足を運んだ。やはり誰もいなかった。机の上に紙が1枚ある。

紙の上には、マジックで大きく「終焉」と書かれていた。麻衣子の字だった。

そうか……。セミナーは打ち切りになったんだ。

僕は呆然と窓の外を眺めた。結局ダメなんだ。哲学なんて誰も相手にしない。役に立たない。意味ないさ。僕にとってもね。まあいいやどうだって。

でもなんで、こんなに悲しいんだろう……。


そのとき、スマホのLINEにメッセージが入った。空からだ。

「ごめんなさいサトー(>_<) 部屋変更の連絡忘れた。上のフロアに来て」


……え、打ち切りじゃないじゃんか。

僕の心の大騒動をどう収拾してくれるんだ！

あのメガネめ。はやく連絡しろよ。

僕は、階段を駆けあがった。

そこには、今までの会議室の3倍はある巨大なセミナー用会場があった。

扉の窓から中をのぞくと、セミナー参加者もまた3倍になっていた……。

「おい、例のあれ、製品化のゴーが出たらしいぜ」

大好評のセミナー後、社食でランチのビーフカレーを食べていたら、北条がいきなり僕の背中をたたいた。僕はビーフカレーの肉の塊をのどに詰まらせそうになってあせった。

「例のあれって……あれのこと?」

向かい側の席にまわりこんだ北条に聞いた。

「ああ。あれだよ、あの、指サイン式デバイス」

〝前例がない〟〝リスクが高すぎる〟という保守的なトップの言葉でにぎりつぶされかけた、次世代型の製品だ。

「あの頭のかたそうな白髪のオッサンがよくうんと言ったね」

「ああ、あの会議から新製品が誕生するとは誰も思えなかったからな」

僕も北条も、感慨に浸っていた。

実は、企画通過には、うちの新井部長が一役買ったらしい。

「新井部長があの企画部のトップとたまたま同期だったらしいぜ」

聞くところによると、企画立案者の社員から新製品の内容を聞いて感銘を受け、企画部のトップに直接働きかけたそうだ。最初は他部署からの過剰な干渉だと言ってそのトップも顔をしかめていたらしいが……。

いわゆる口添えが功を奏したってところか。

でも、あの頑固なオッサンがそんなふうに動くなんて。

「麻衣子さんの哲学的思考が部長にも効いたってことかな」

「まあ、どの程度効果があったかは知らないが、多少は影響したんだろうな」

組織の構造は上層部の人間ひとりひとりが変わっていくしかないんだから、これはいい兆候なのかもしれない。

第6会議室のドアをノックしてからあけると、麻衣子が長イスに座って何かの資料を読んでいるところだった。

「佐藤さん、お疲れさま」

「新デバイスが正式に決まったらしいね」

「ええ、部長は功労者ね」

麻衣子さんのおかげだよ、と言おうとしたが、照れくさくなって僕は別の話題をふった。

「しかし、あの『終焉』って紙はなに？　びっくりしたよ」

「終焉？　……ああ、あれはね、次のセミナーでフーコーの言葉『人間の終焉』についてのシートを作ろうかと思って、メモっておいただけよ」

「なんだ、まぎらわしい。でもよかった……」

「私のセミナーが終焉するときは、会社が終焉するときよ」

「おっと、強気発言」

「それはそうと、佐藤さんもそろそろ次の選択をしなくてはいけないわね」

「次の選択？」

「そう。だいぶ哲学的思考が身についてきたでしょう。だから、これからどうするか」

これから……。

自分のこれからのことなんか、考えたことがなかった。

そういえば麻衣子に出会う前は、考えてもムダだと思っていたっけ。

でも今は……。


麻衣子はいつもの笑顔でシートを取り出した。

選択
おまけ

明日からどう生きる？

あなたの人生はこれからも選択の連続だ。
これからも哲学的思考を使っていきたい？

Ⓐ もう哲学なんて頭が痛くなってこりごり
Ⓑ これからも哲学的思考で選択していきたい

―完―

おわりに

最後に佐藤くんは麻衣子さんの選択にどう答えたのでしょうか。

もう哲学なんて頭が痛くなってこりごりだと思った？

それとも、もっと哲学的選択を続けていきたいと思った？

みなさんはどちらだったでしょうか。

「なんだか頭が混乱するばかりで、どう答えを出していいのか分からなかった」

「選択に脈絡がないので、どう対処していいのか迷った」

「考えることが多すぎて、かえって人生に疑問を持ち始めた」

そんなご意見の方も多いでしょう。


おめでとうございます！


それは、確実に哲学によって頭が活性化している証拠なのです。この本を読んだことによって、今まで使われていなかった脳の潜在的な領域が働き始めているのです。

実は、何事にも答えが出るというのは幻想です。

答えが出たということは、それ以上考えられない、思考が停止しているという意味です。ですから、答えとはつねに暫定的であって、答えが出たとたんに、次の疑問がわいてくるという状態が理想なのです。

もし、今、みなさんが哲学的思考について、なにがなんだか分からなくなってきたとしたなら、さらに前に進んでください。

日常生活で、ある結論が出たときには、こう検討しましょう。

「もっと違う考え方の切り口があるんじゃないだろうか？」

そう、まさにこの本は、常識の破壊によってクリエイティブな物の見方を創造する方向へ誘導する役割を担っています。

毎日、とめどなく、脈絡なく連続的に起こってくる出来事。これらにどう対処していいのか行き詰まったとき、悩んだとき、本書の内容を思い出してください。

そして、こう考えてください。

「これは、リアルな選択シートなのだ」と。

思考する機会を与えられているのだと。

そう考えて生活すれば、２５００年にわたる思考の達人たちが、あなたの人生を応援してくれることでしょう。

餐出麻衣子はいつも、選択シートをあなたに出し続けているのです。

セミナー資料

哲学者のプロフィール

アリストテレス（B.C.384-322）
ギリシアの哲学者。プラトンの弟子。万学の祖と呼ばれる。古代における最大の哲学者。アレクサンダー大王の家庭教師でもあった。著作『形而上学』『自然学』『政治学』『ニコマコス倫理学』『形而上学』など。

ルネ・デカルト（1596-1650）
フランスの哲学者・数学者。近代哲学の父。大陸合理論。哲学に数学的な方法を取り入れて、理性的な演繹的推理を行った。著作『省察』『方法叙説』など。

イマニュエル・カント（1724-1803）
ドイツの哲学者。人間の理性によって認識できる範囲を限定。道徳哲学の分野で大きな影響を与えた。著作『純粋理性批判』『実践理性批判』『判断力批判』により批判哲学を完成。

ジェレミー・ベンサム（1748-1832）
イギリスの哲学者。功利主義。政治哲学に大きな影響を与えた。著作『道徳と立法の原理序論』など。

ゲオルグ・フリードリッヒ・ヘーゲル（1770-1831）
ドイツ観念論の大成者。弁証法によってあらゆる事象を説明した。著作『精神現象学』『法の哲学』『エンチクロペディ』など。

ジョン・ステュアート・ミル（1806-1873）
イギリスの哲学者。質的功利主義をとなえる。自由論は現代にまで大きな影響を与えている。著作『自由論』『功利主義論』など。

セーレン・キルケゴール（1813-1855）
デンマークの哲学者。キリスト教思想家。ニーチェとともに実存哲学の祖とされる。主体性の形成に真の人間のありかたを求めた。著作『あれかこれか』『反復』『不安の概念』『死に至る病』など。

ウィリアム・ジェイムズ（1842-1910）
アメリカの哲学者・心理学者。有用性のあるものが真理であるという考え方は、アメリカの哲学を大きく発展させた。著作『プラグマティズム』など。

フリードリヒ・ニーチェ（1844-1900）
ドイツの哲学者。過去の理性的哲学を批判し、現代哲学に大きな影響を与えた。著作『人間的な、あまりに人間的な』『悦ばしき知恵』『ツァラトゥストラかく語りき』など。

カール・ヤスパース（1883-1969）
ドイツの哲学者。実存主義。限界状況を分析し、理性による人と人との交わりについて説いた。著作『現代の精神的状況』『哲学』など。

マルチン・ハイデガー（1889-1976）
ドイツの哲学者。フッサールの現象学を発展させ、基礎的存在論を確立。20世紀最大の哲学者とも呼ばれる。著作『存在と時間』など

ジャン・ポール・サルトル（1905-1980）
フランスの哲学者。無神論的実存主義の代表的思想家。作家。著作『存在と無』『嘔吐』（小説）『弁証法的理性批判（Ⅰ）』など。

クロード・レヴィ＝ストロース（1908-2009）
フランスの社会人類学者、民族学者。アメリカ先住民の神話研究などについて研究した。構造主義の祖とされる。著作『親族の基本構造』『悲しき熱帯』『野生の思考』など。

トーマス・サミュエル・クーン（1922-1996）
アメリカ合衆国の科学史家・科学哲学者。科学の歴史において断続的に革命的変化「パラダイムシフト」が生じると説いた。著作に『科学革命の構造』など。

ジル・ドゥルーズ（1925-1995）
フランスの哲学者。西欧近代理性を再検討。精神分析やマルクス主義を用いて、資本主義社会を根本的にとらえなおした。ガタリF.Guattari（1930-1992）と共同して『アンチ・オイディプス』『千のプラトー』などを著す。

参考資料

『人生の哲学』 渡辺二郎（著）／放送大学教育振興会
『プラグマティズムと現代』 魚津郁夫（著）／放送大学教育振興会
『岩波 哲学・思想事典』 廣松渉・他（編集）／岩波書店
『哲学事典』 林達夫・他（編集）／平凡社
『立体 哲学』 渡辺義雄（編者）／朝日出版社
『倫理学概説』 岡部英男、小坂国継（編著）／ミネルヴァ書房
『現代政治理論』 川崎修、杉田敦（編集）／有斐閣
『7つの習慣――成功には原則があった！』 スティーブン・R・コヴィー（著）／川西茂、ジェームス・スキナー（翻訳）／キングベアー出版
『TQ――心の安らぎを発見する時間管理の探究』 ハイラム・W・スミス（著）／黄木信、ジェームス・スキナー（翻訳）／キングベアー出版
『思考は現実化する――アクション・マニュアル、索引つき』 ナポレオン・ヒル（著）／田中孝顕（翻訳）／きこ書房
『これからの「正義」の話をしよう――いまを生き延びるための哲学』 マイケル・サンデル（著）／鬼澤忍（翻訳）／早川書房
『倫理問題101問』 マーティン・コーエン（著）／榑沼範久（翻訳）／筑摩書房

ブックデザイン　奥定泰之
本文DTP　NOAH

●著者プロフィール
富増章成（とます・あきなり）
哲学アドバイザー。学校法人河合塾講師。中央大学文学部哲学科を卒業後、上智大学神学部に学ぶ。学生・社会人の一助として、使える哲学などをわかりやすく解説。様々な予備校で講義しつつ、著作や雑誌の執筆活動を行っている。
【著書】
『オッサンになる人、ならない人』（PHP研究所）、『図解でわかる！　ニーチェの考え方』『図解でよくわかる　ニーチェの哲学』『図解　世界一わかりやすいキリスト教』『誰でも簡単に幸せを感じる方法はアランの「幸福論」に書いてあった』（以上、中経出版）、『哲学の小径』（講談社）、『お厚いのがお好き？〔哲学監修〕』（扶桑社文庫）、『眠れないほどおもしろい哲学の本：もう一歩「前向き」に生きるヒント』（三笠書房、王様文庫）、『深夜の赤信号は渡ってもいいか？　いま使える哲学スキル』（さくら舎）、『哲学者の言葉　いま必要な60の知恵』（角川書店）など。

一生に一度は考えたい
33の選択

2013年10月2日　第1版第1刷発行

著者　富増章成

発行者　玉越直人

発行所　WAVE出版
〒102-0074 東京都千代田区九段南4-7-15
TEL 03-3261-3713　FAX 03-3261-3823
振替 00100-7-366376
E-mail : info@wave-publishers.co.jp
http://www.wave-publishers.co.jp/

印刷・製本　萩原印刷

NDC113 223p 19cm ISBN978-4-87290-634-9